Questo libro è inserito nella collana Amazon sulle opere dell'autore, con il numero 17.

Alfredo De Giuseppe

Solo

Uomini

Soli

Meglio è imparare
per tempo a perdonare
prima gli altri
poi se stessi

Meglio è imparare
troppo tardi a giudicare
ma se proprio
ma nel caso:
ultimi gli altri
se stessi per primi

(Stig Dagerman – 1949)

Solo uomini soli

Il tempo passa senza lasciare traccia
i loro volti si trasformano,
ma non la loro vita
sempre uguale, dal gusto agrodolce
appare senza colore
come un vecchio film in bianco e nero.

(ChatGPT come fosse Bukowski-2023)

Prima di ogni considerazione seria, seriosa e immaginifica, un immenso grazie a tutti, consapevoli e inconsapevoli protagonisti di quest'album fotografico. Una parola semplice che, quando ha radici in una reciproca empatia, ha un valore duraturo: grazie.

C'È DEL METODO...

Questo volume nasce con delle impostazioni ben precise, perché c'è del metodo anche nelle cose semplici non solo nella follia (che non mi si venga a dire che sono un tipo disordinato):
le foto sono tutte riprese in un anno solare, il 2022;
sono tutte scattate in luoghi pubblici;
Tricase con le sue frazioni è l'unico set fotografico;
le persone sono tutte rigidamente colte di sorpresa;
le foto non hanno subito tagli, modifiche e ritocchi da Photoshop;
l'unico strumento utilizzato è una Nikon D3200 con obiettivo 70-300;
la pubblicazione si è resa urgente in questi mesi per il susseguirsi costante di nuove App in grado di rendere reale una foto al solo pensarla.

io, il fotografo, non sono un Fotografo.

Uomini soli e dispersi

Uomini soli, in tanti sensi. Magari felicemente sposati e fidanzati, forse anche in equilibrio col mondo. Però pubblicamente uomini soli, come consuetudine, come resilienza, come autodifesa, come marcatori di un territorio. E soli, ancora più soli, come dispersi, desolati, senza impegno, senza ritegno, senza sensi di colpa, ma con composta dignità, a volte nascosta dietro imprecazioni e sfottò, comunque in attesa di un qualcosa che nessuno conosce.

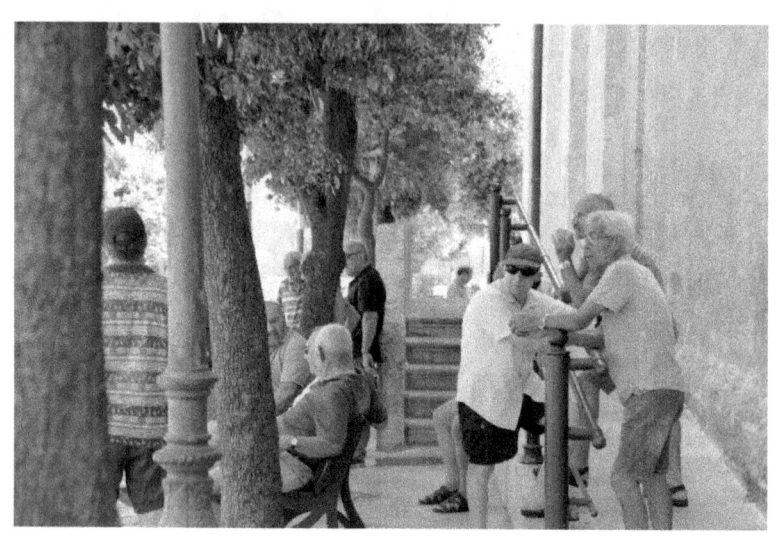

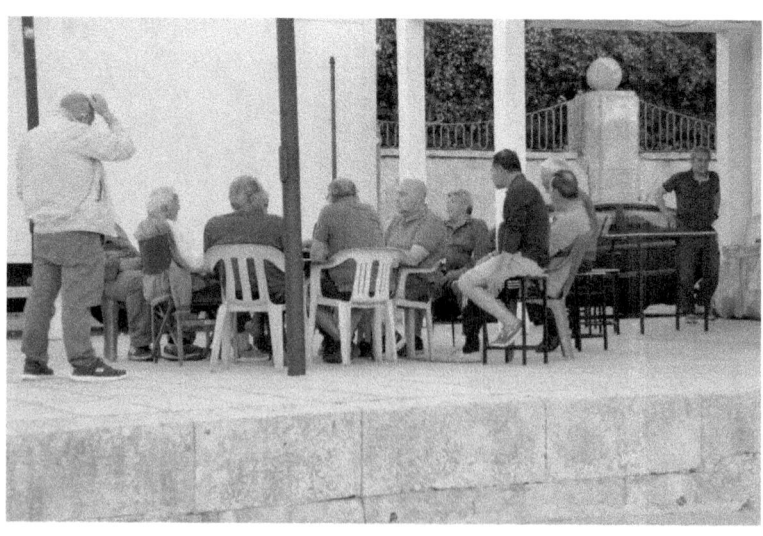

UNA NUOVA MUTAZIONE GENETICA

Fino a qualche anno fa le donne di Tricase non si fermavano al bar. Forse qualche volta insieme al marito o al padre. Forse con una figlia, durante le feste comandate, a prendere due pastesecche e cinque zeppoledisangiuseppe. Mai da sole: era una regola e tutti la conoscevano, fin dall'infanzia.

Poi, all'inizio di questo secolo, nei bar non si è più potuto giocare a tressette, sono stati eliminati i tavolini dediti al dolce far niente, dove in genere risiedevano stabilmente personaggi autoctoni, conoscitori di ogni cosa e ogni persona, e tutto, nel giro di due decenni è cambiato. Prima le donne avevano timore di avvicinarsi al bar, oggi si fermano, consumano, si siedono, chiacchierano tra di loro, e di tanto in tanto anche da sole. Insomma il bar, con una mutazione genetica degna di segnalazione, non è più il regno incontrastato degli uomini. O meglio, oggi i bar sono pieni di coppie giovani, di famiglie, dove non c'è più posto per quella tipologia di sapiens che per millenni aveva frequentato i locali pubblici, lasciando dolcemente a casa moglie e figlie.

Pub all'inglese e ristoranti vegani hanno sostituito molti locali tradizionali e anche in quelli alla moda c'è oggi una variegata schiera di persone, non più catalogabili per sesso, ma forse unicamente per censo.

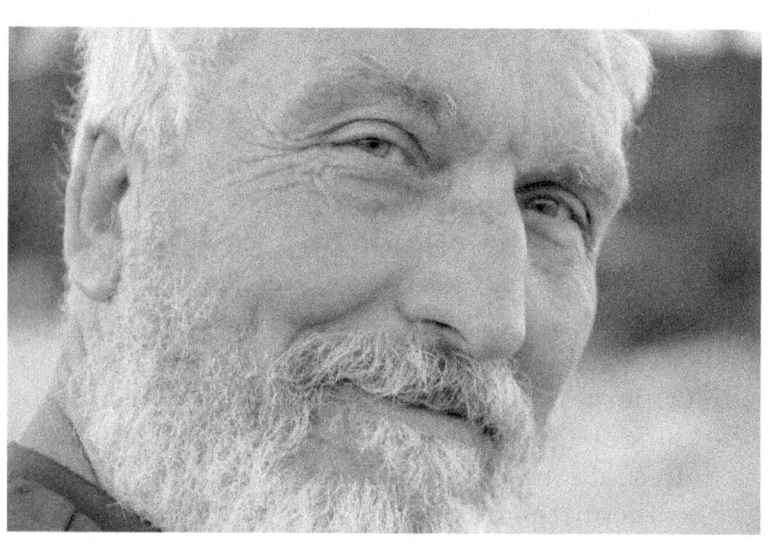

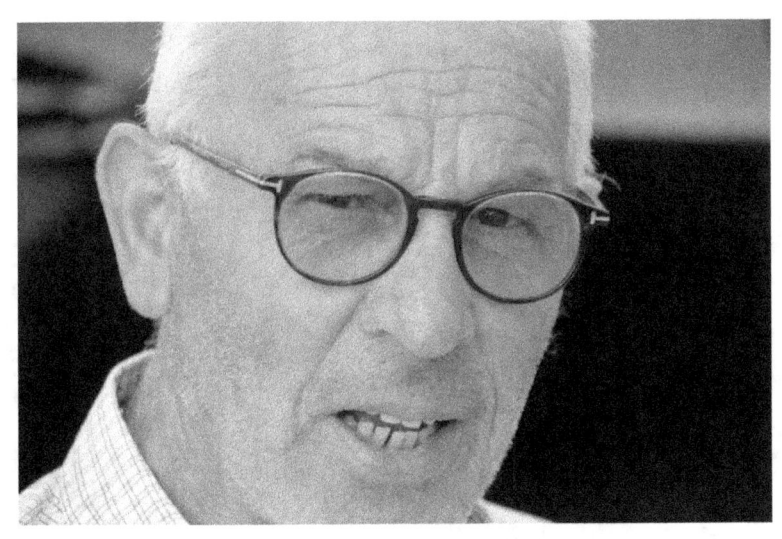

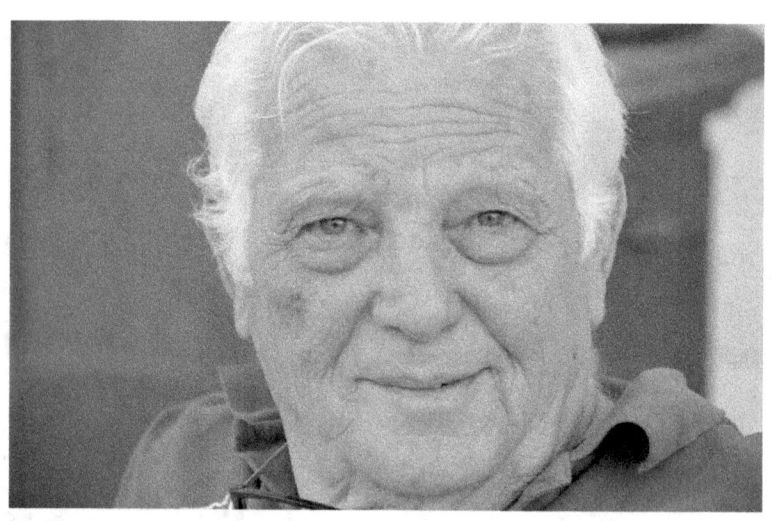

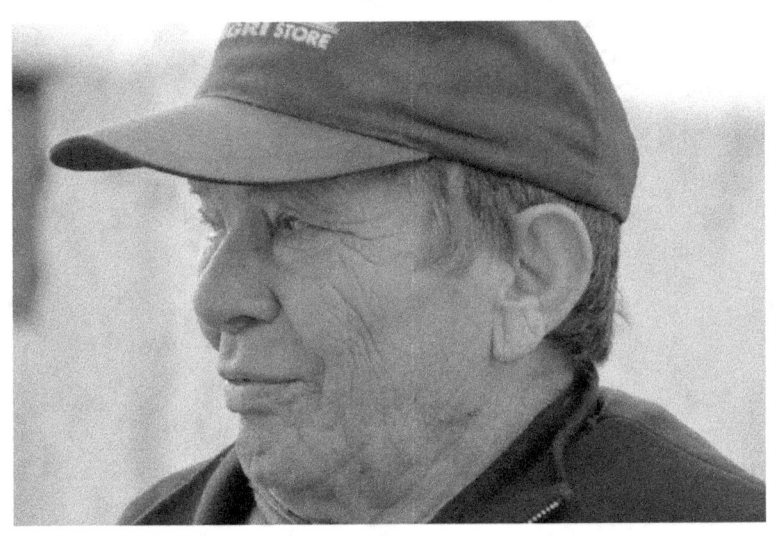

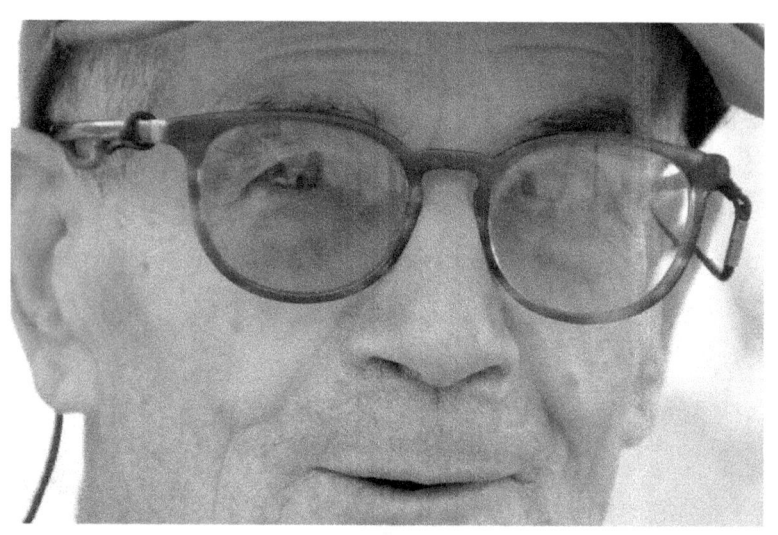

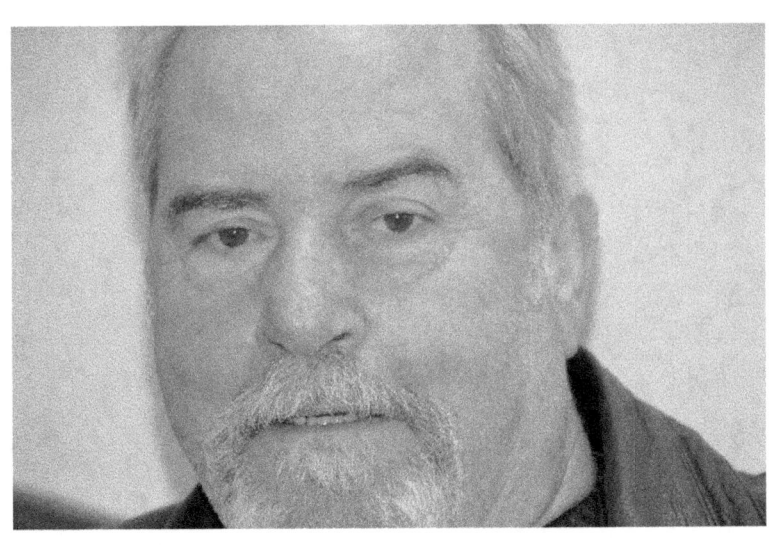

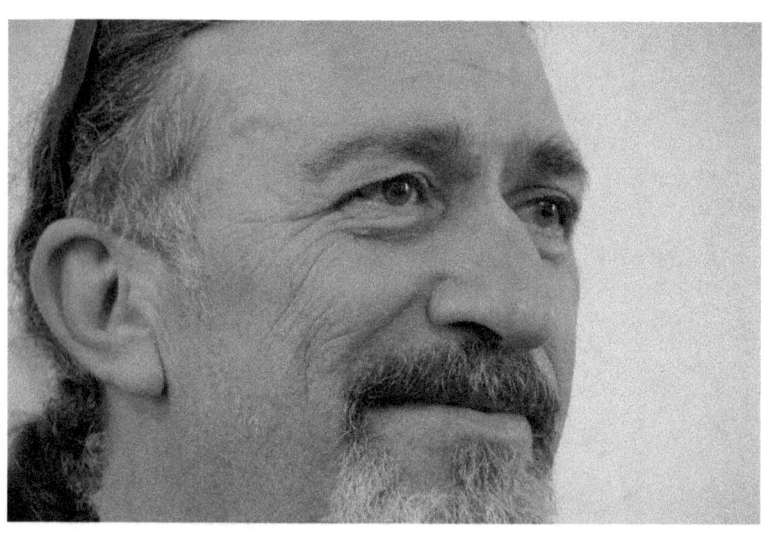

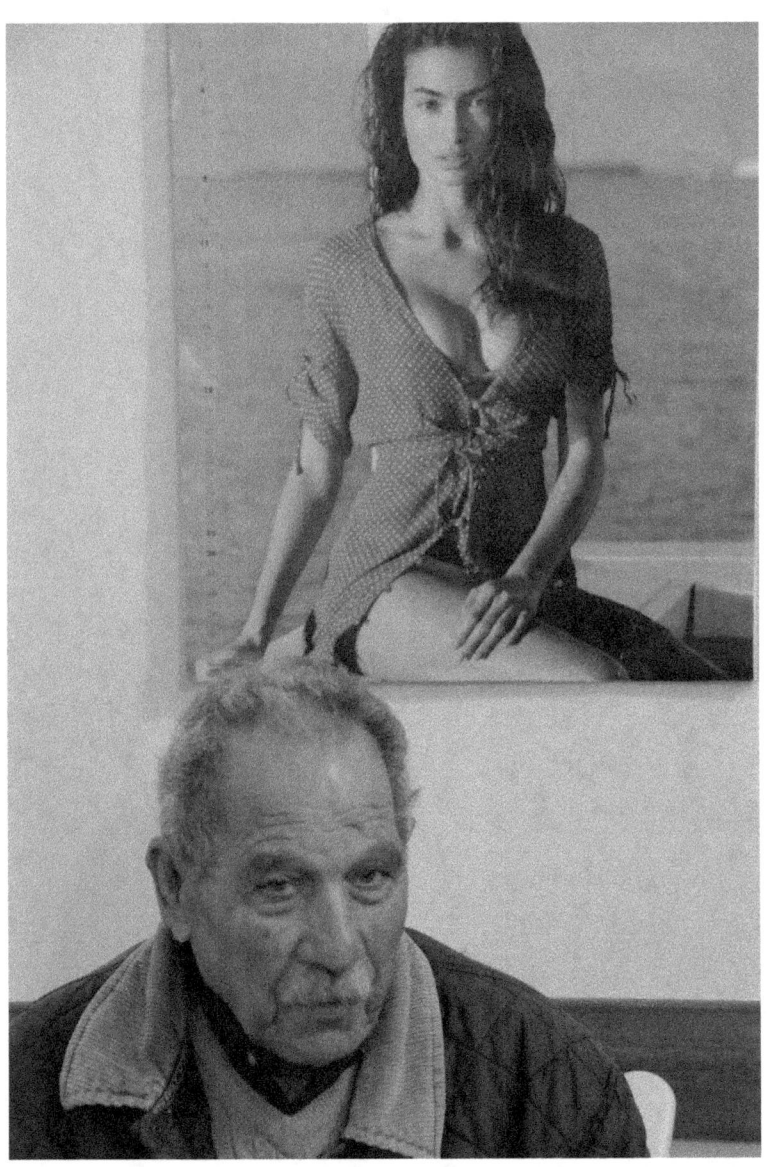

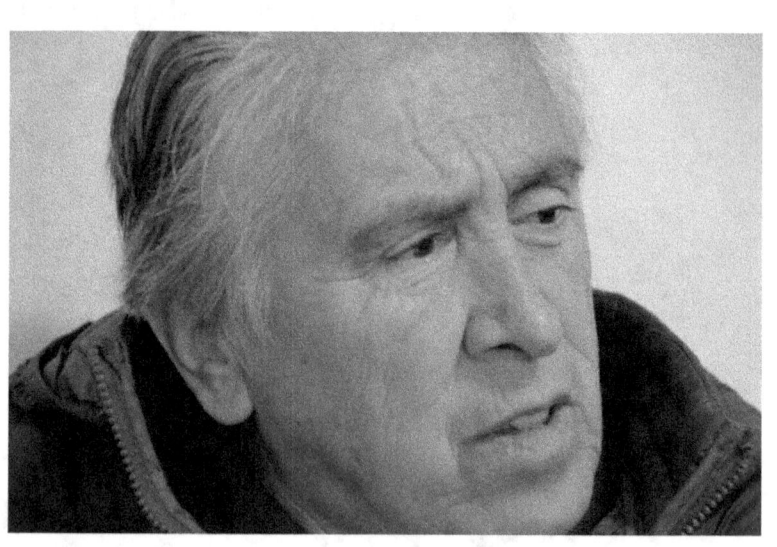

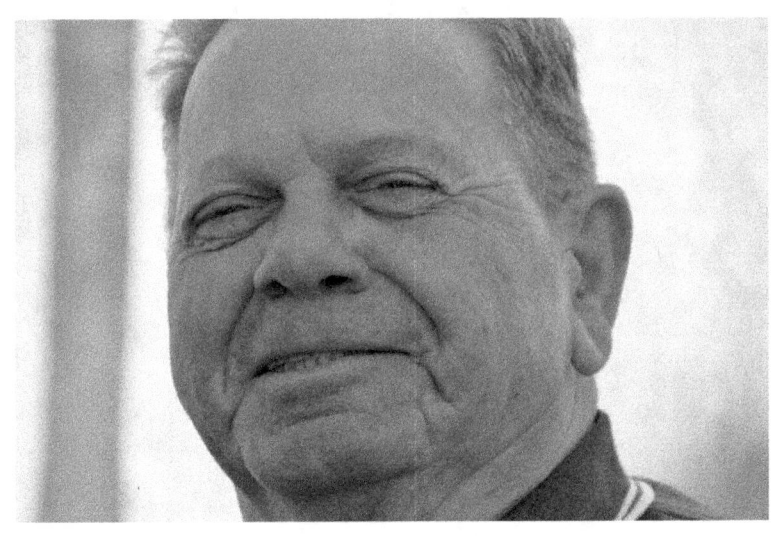

UN LUOGO SICURO

È evidente che in queste condizioni gli uomini nati e cresciuti in una Tricase patriarcale, non avevano più un luogo sicuro dove riversare la loro frustrazione, la loro intensa voglia di comunicare e litigare, il loro intrinseco desiderio di fuga dal ménage famigliare. Hanno cercato spazi provvisori, tavoli all'aperto, panchine ventose e poi assolate e infine luoghi appartati, stanze anonime dove risentire l'odore della mascolinità, magari libera da ipocrisie linguistiche.

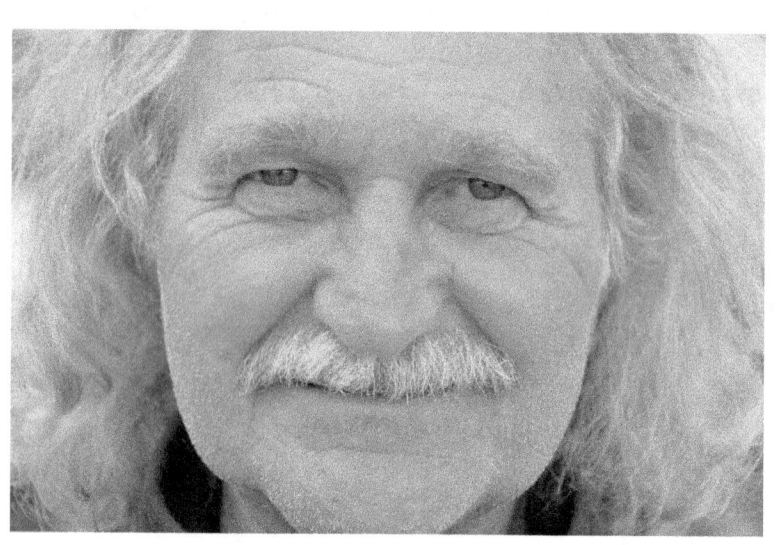

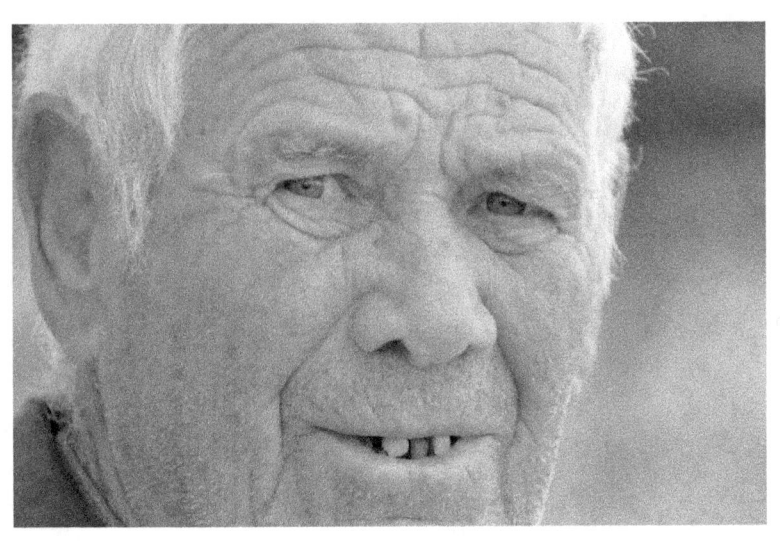

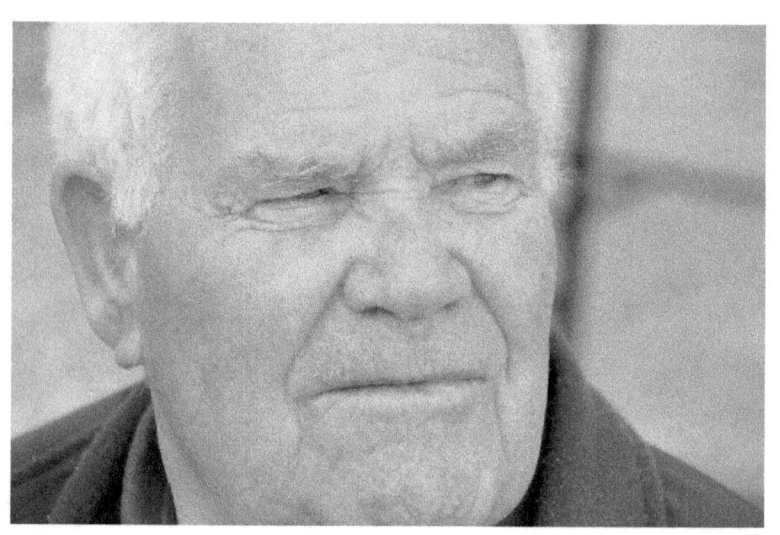

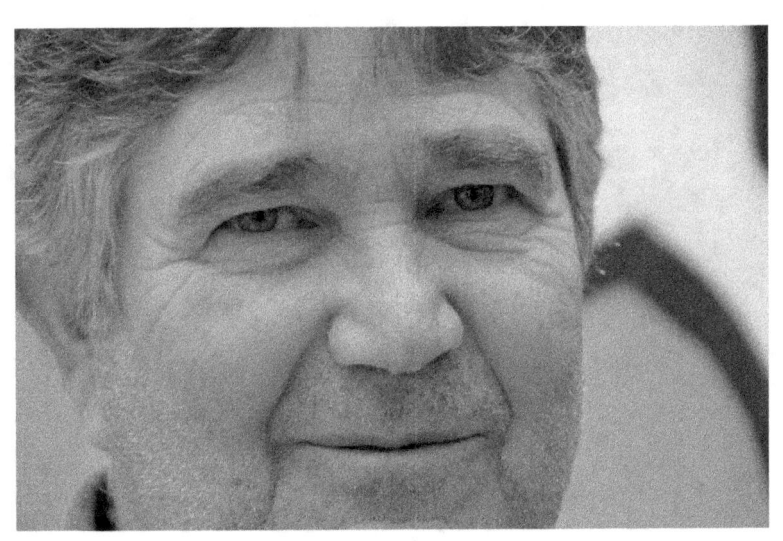

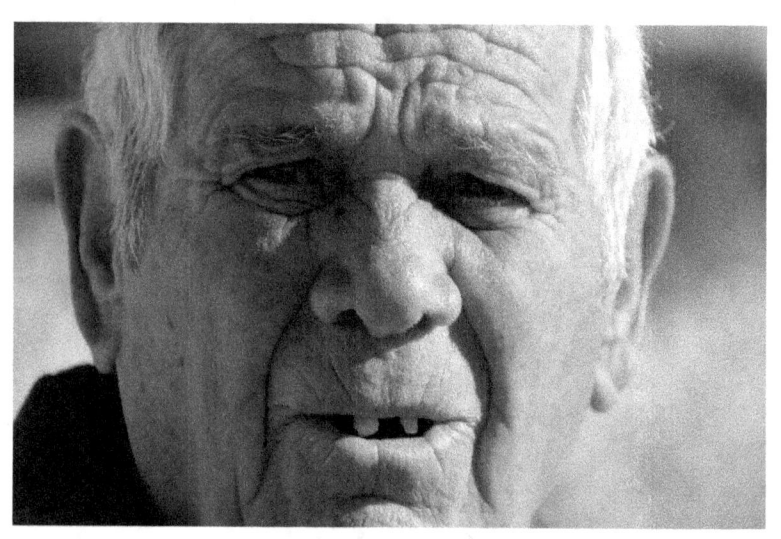

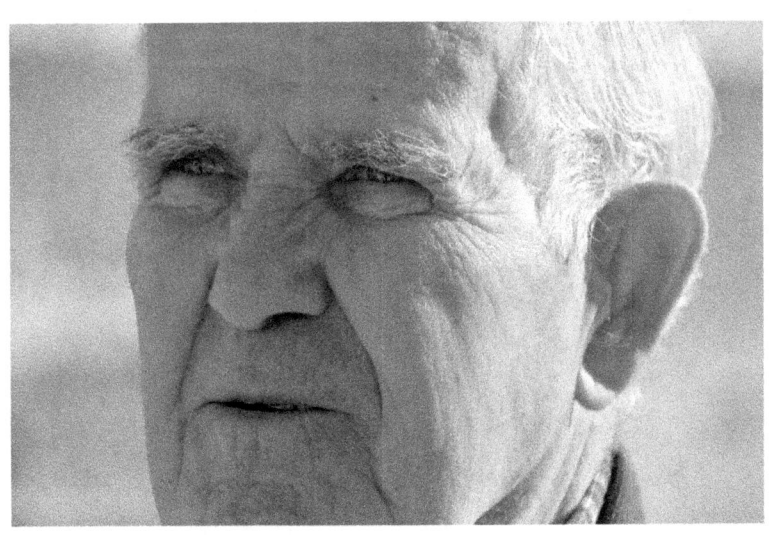

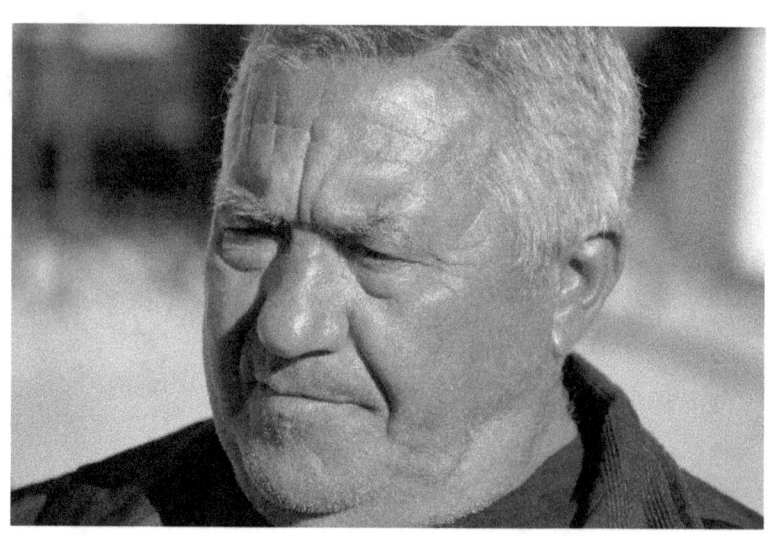

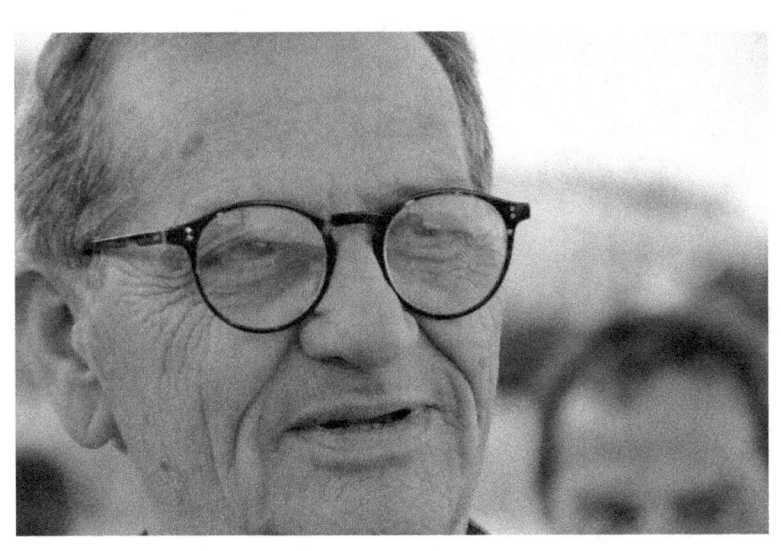

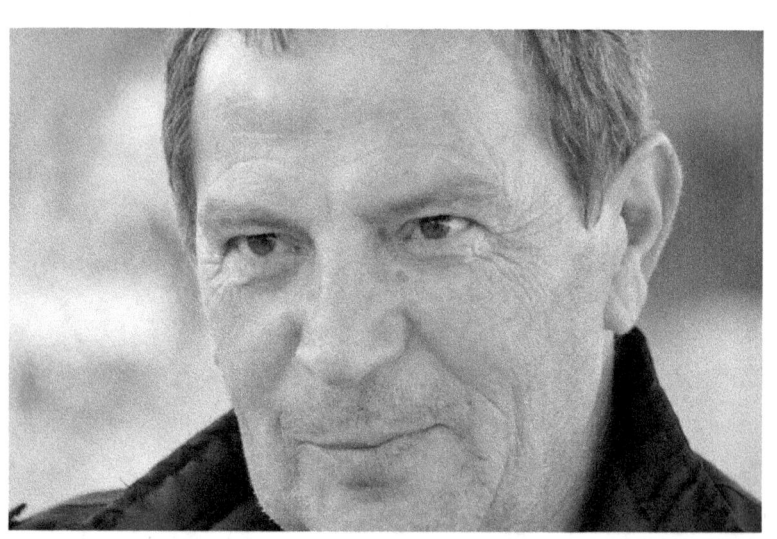

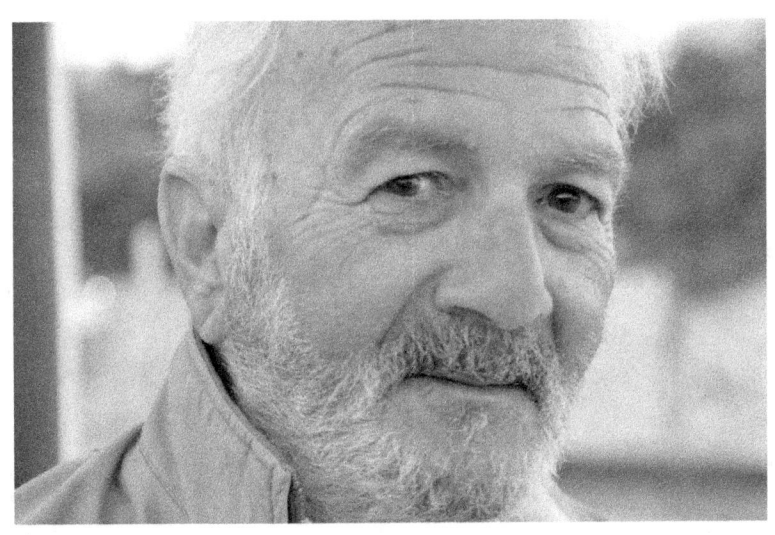

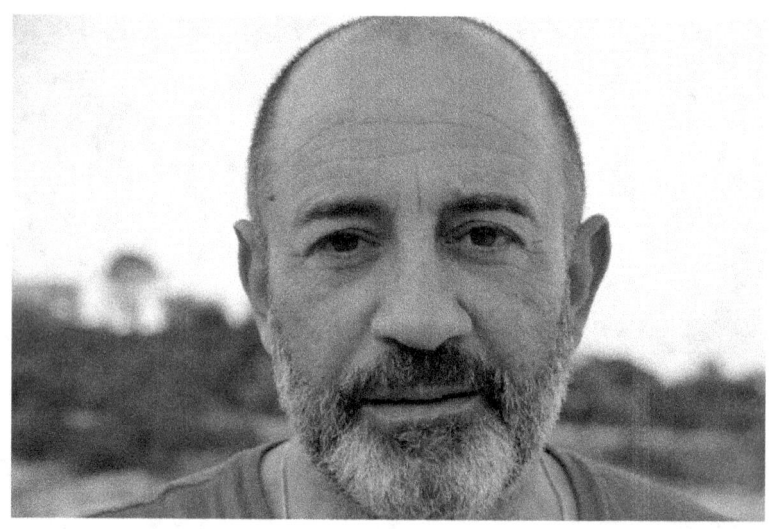

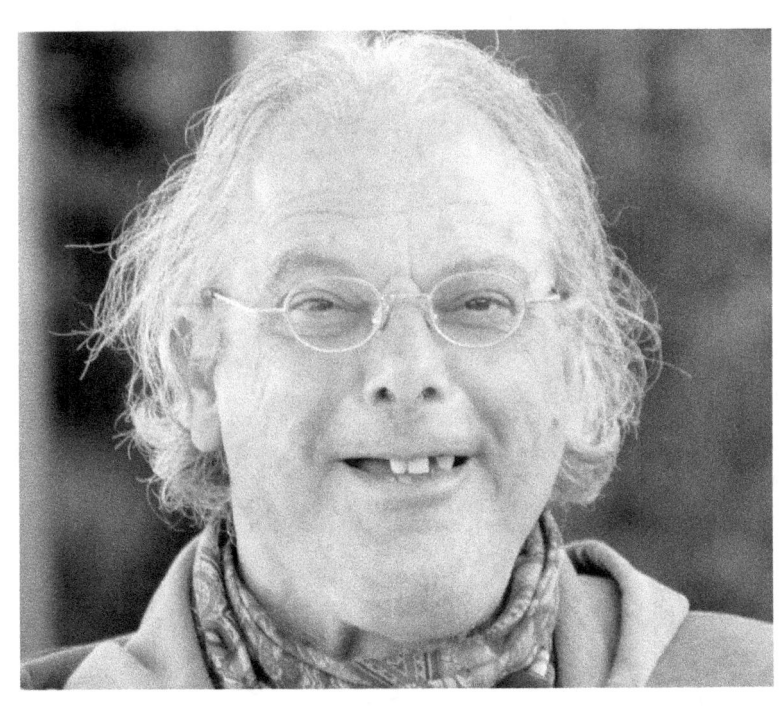

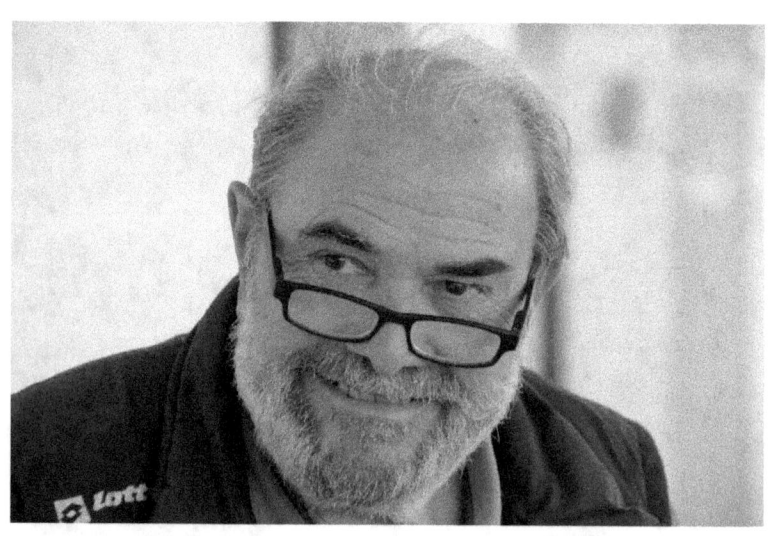

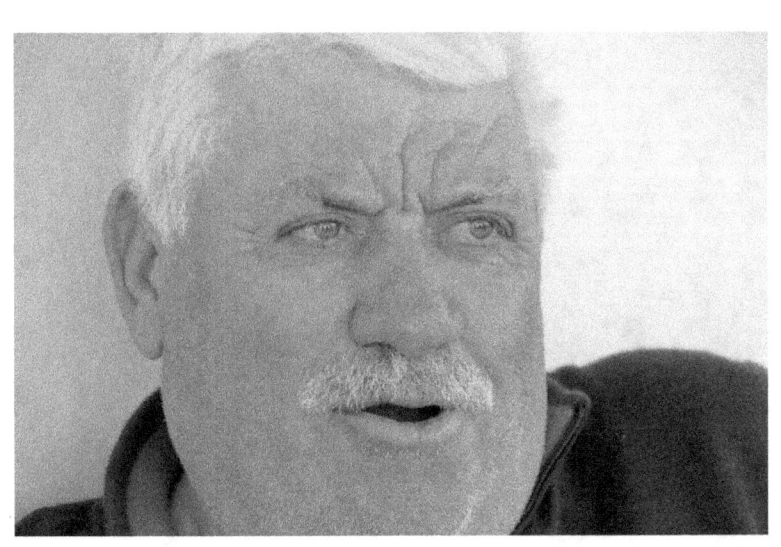

La ristrutturazione della pandemia

Dopo lo scoppio della pandemia da Covid-19 nel 2020 e le chiusure totali del 2021, l'anno di rinascita è stato il 2022. Il ritorno in piazza è stato faticoso e ancora più selettivo. Molte immagini sono ancora interconnesse con l'uso delle mascherine antivirus, con l'estrema attenzione allo starnuto altrui. Questione di fortuna o di pochi centimetri ed eri di nuovo a rischio. Ma la panchina della piazza centrale ha ricominciato col suo ritmo normale, dettato da pranzo e cena alle ore canoniche, dall'apertura e chiusura della storica edicola, dal sole e dalla pioggia.

La ristrutturazione della facciata della chiesa di san Domenico è fonte di acute riflessioni sull'intensità del colore, lunghe discussioni sulla necessità del cambiamento.

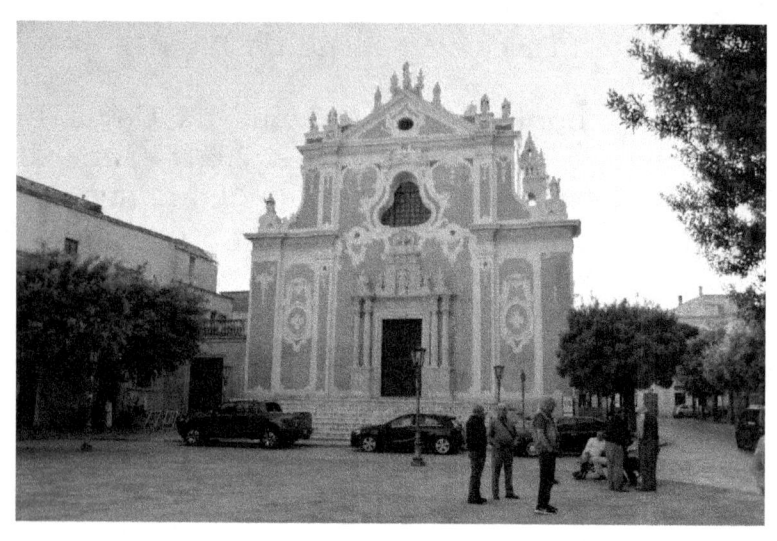

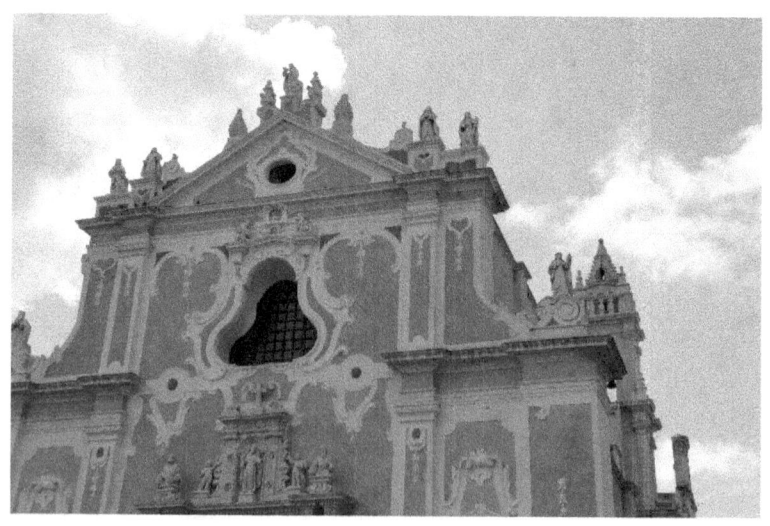

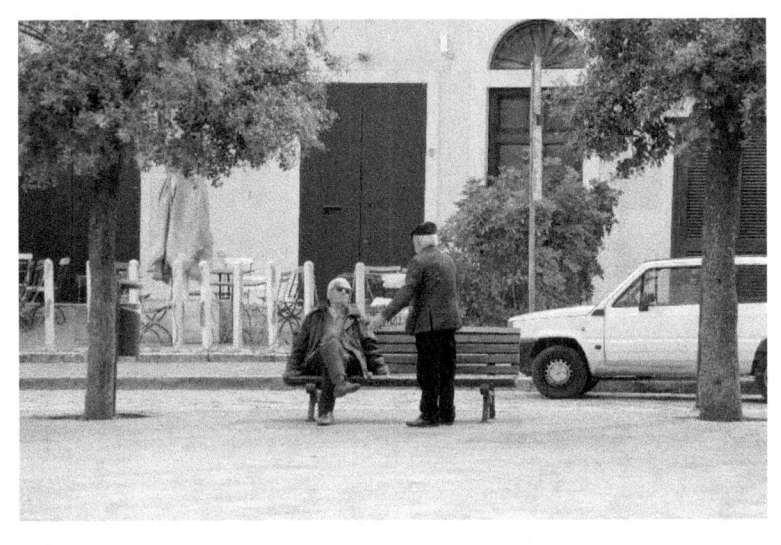

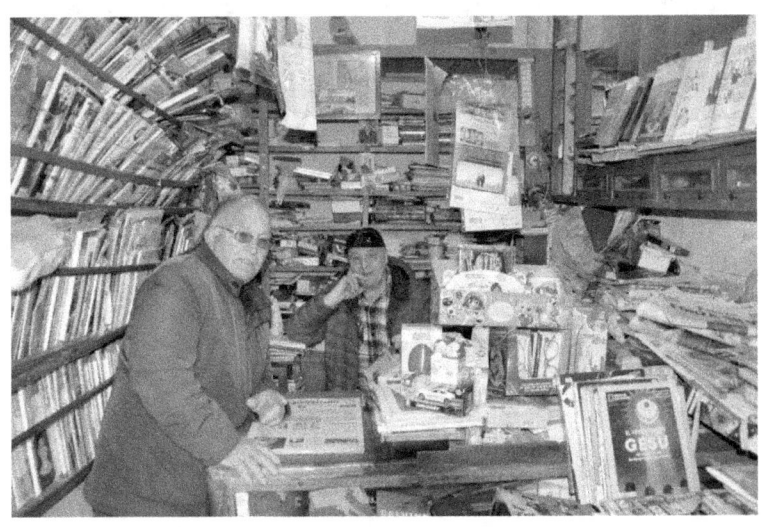

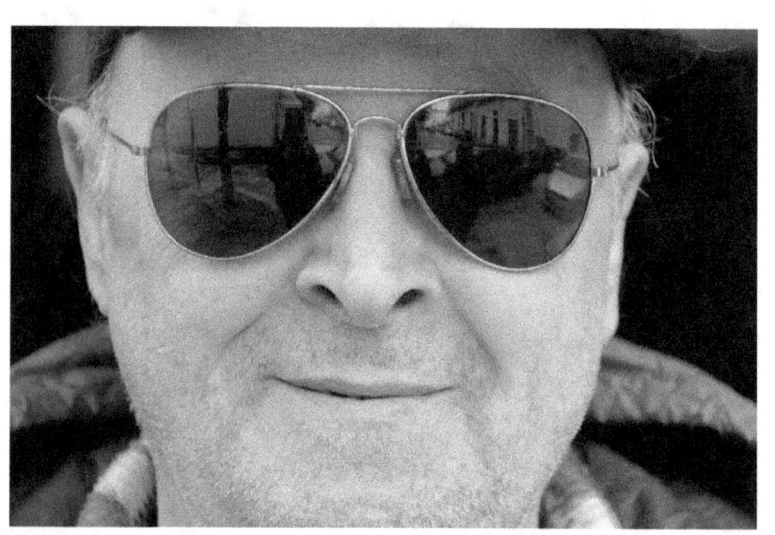

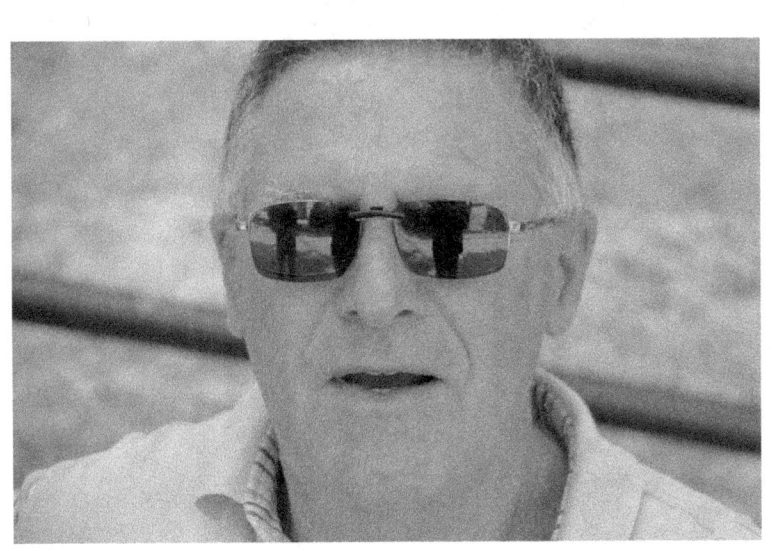

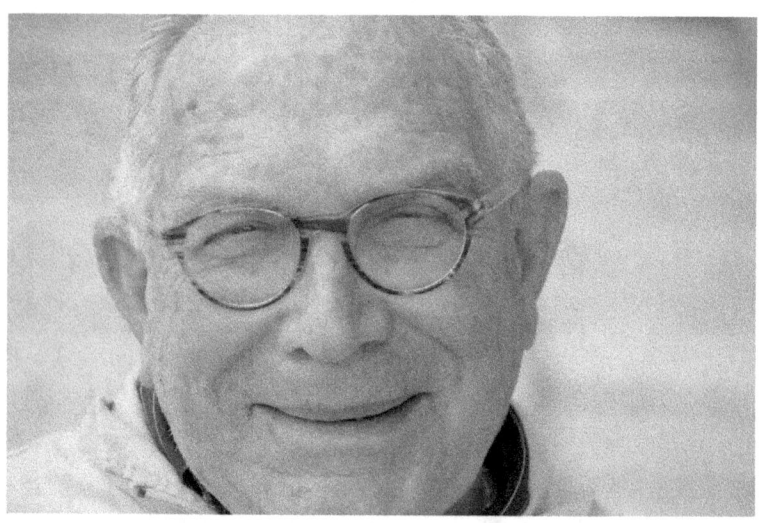

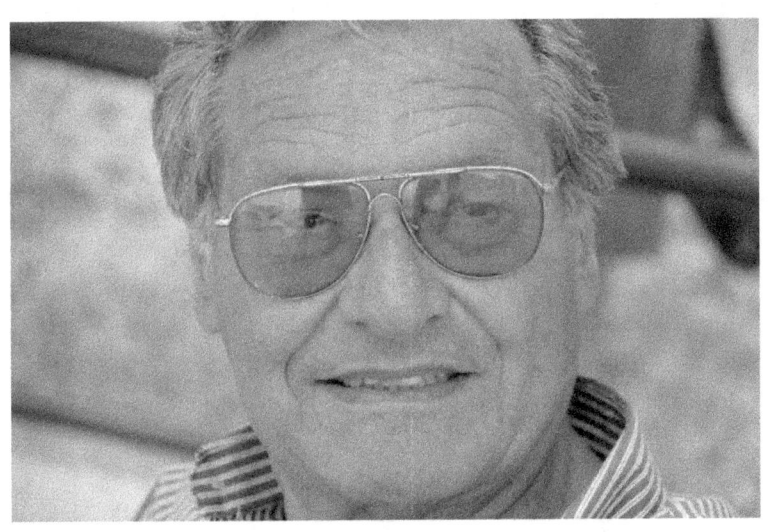

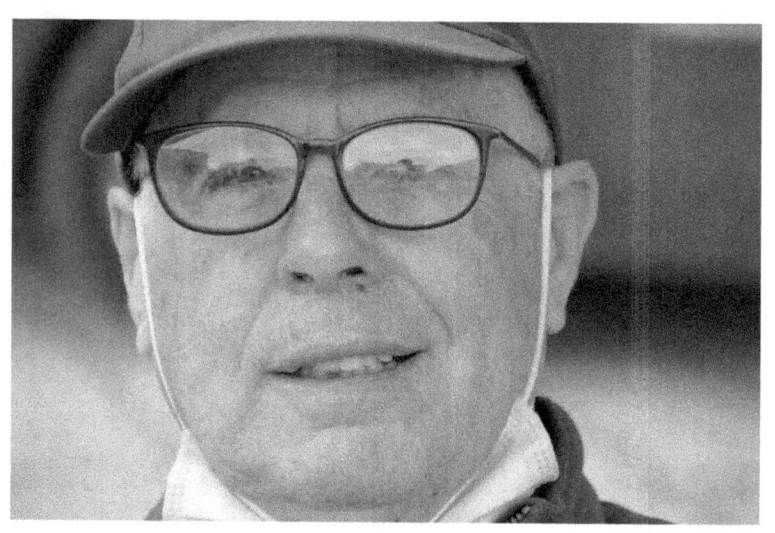

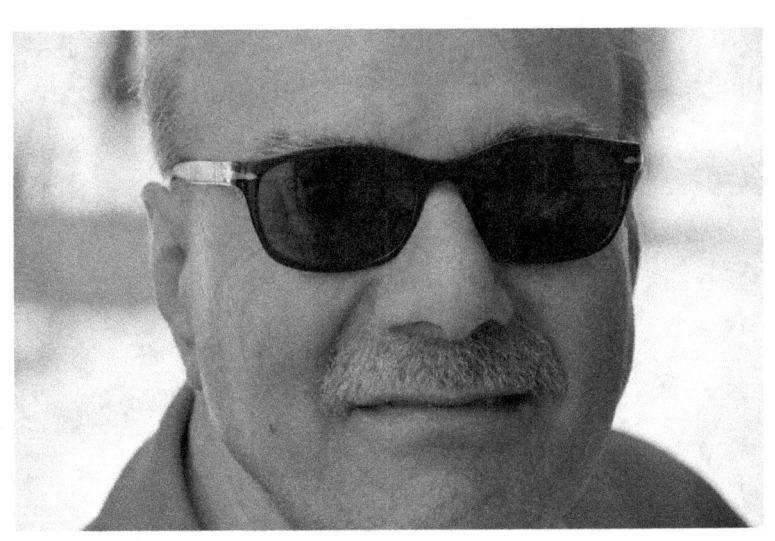

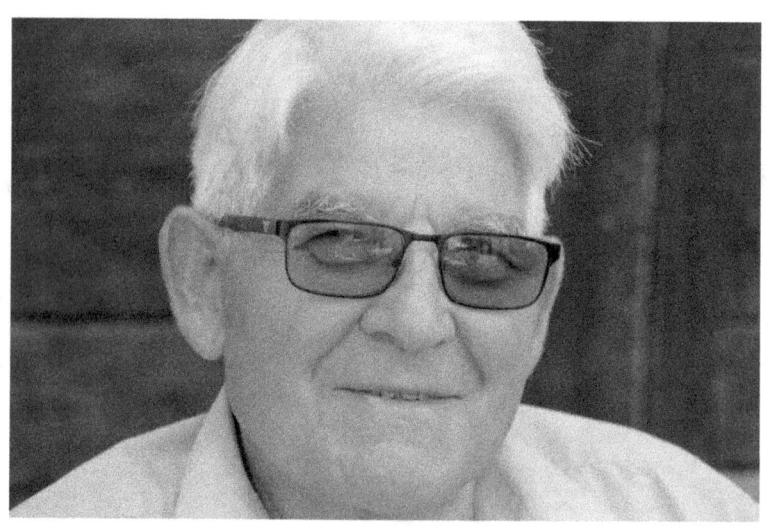

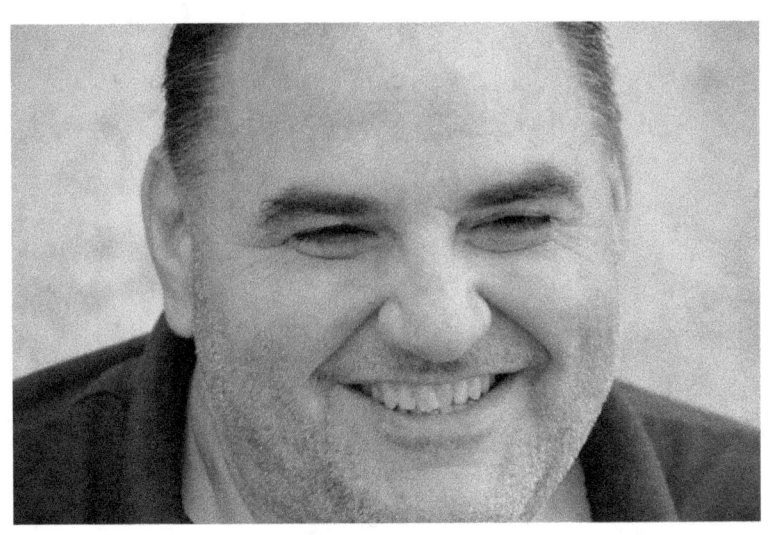

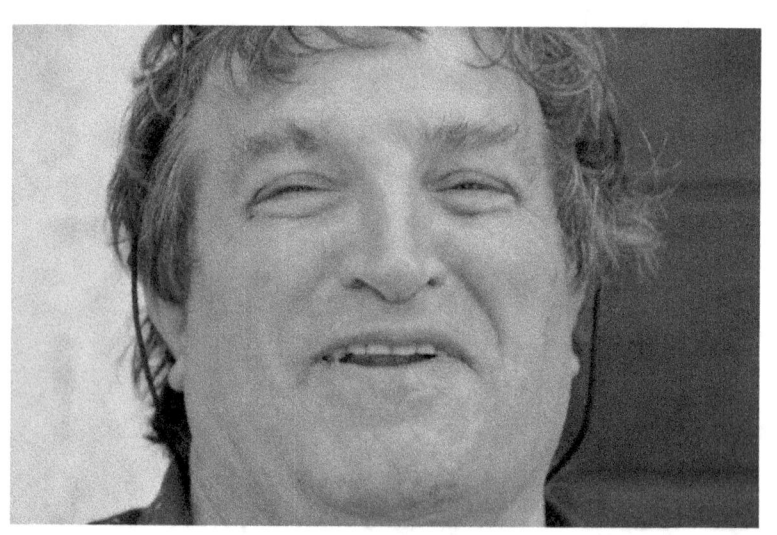

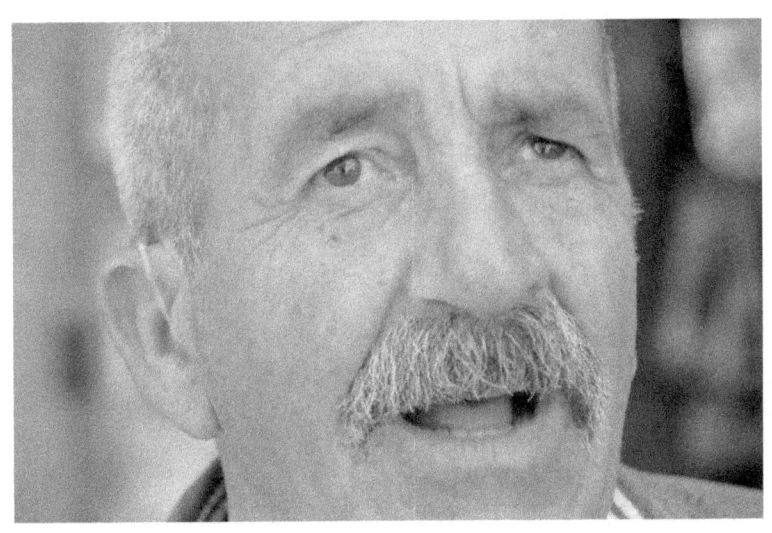

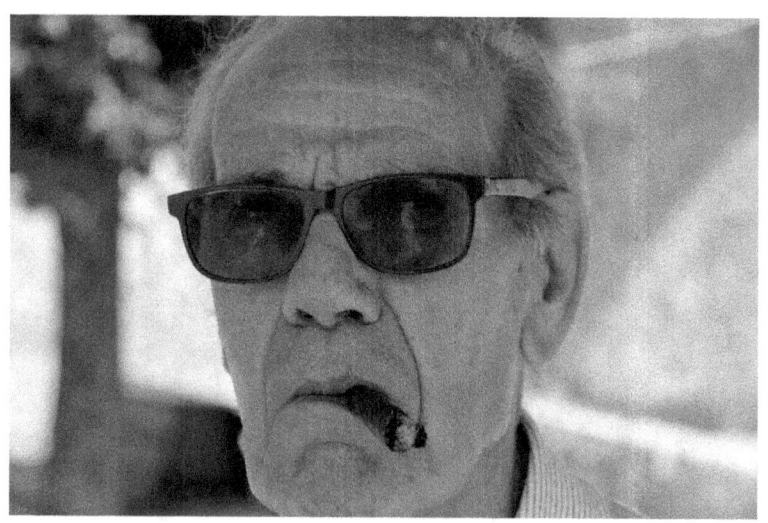

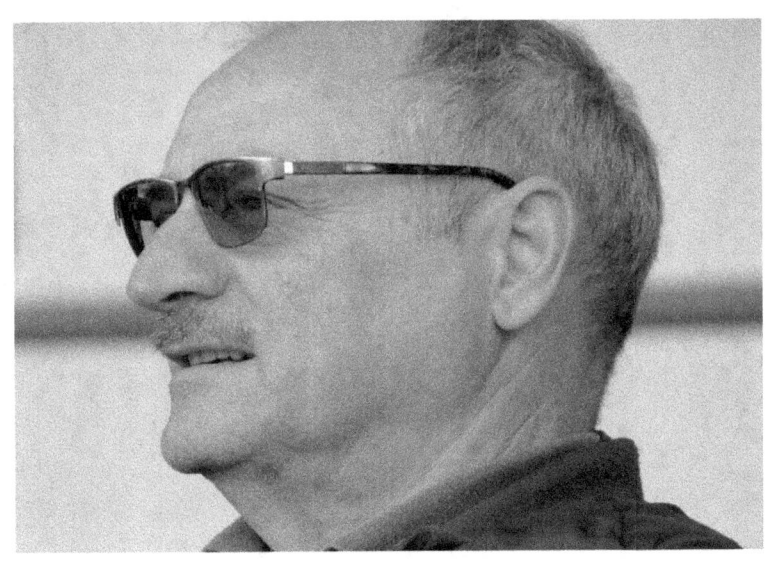

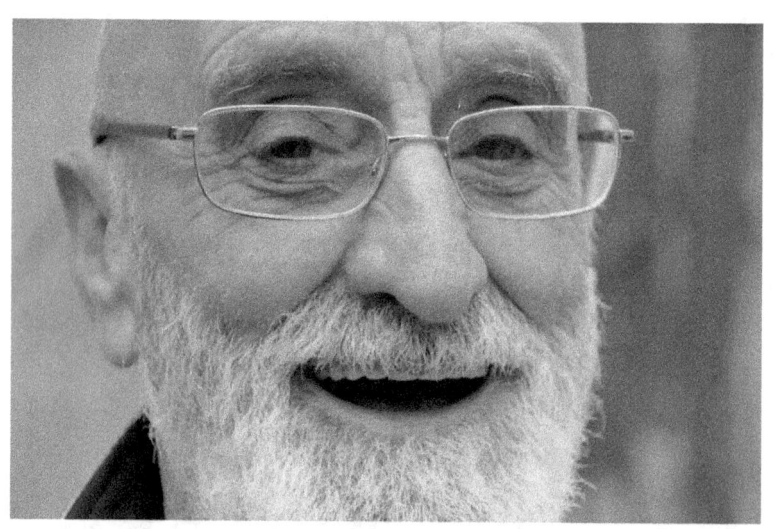

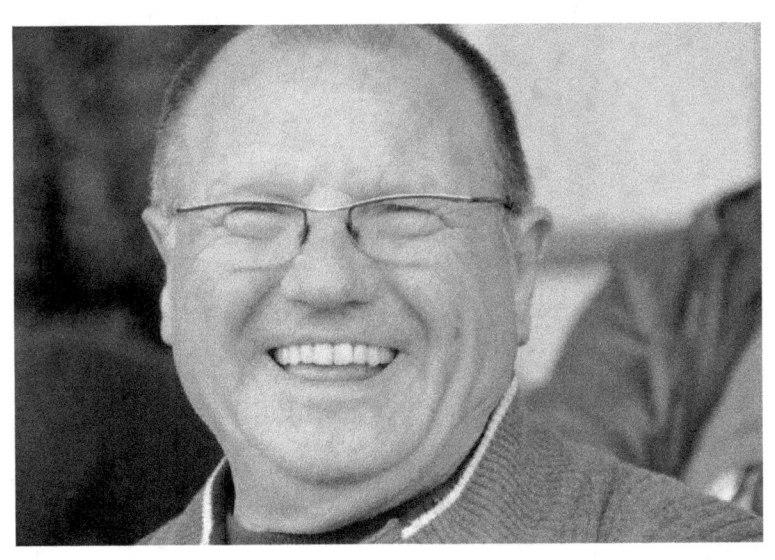

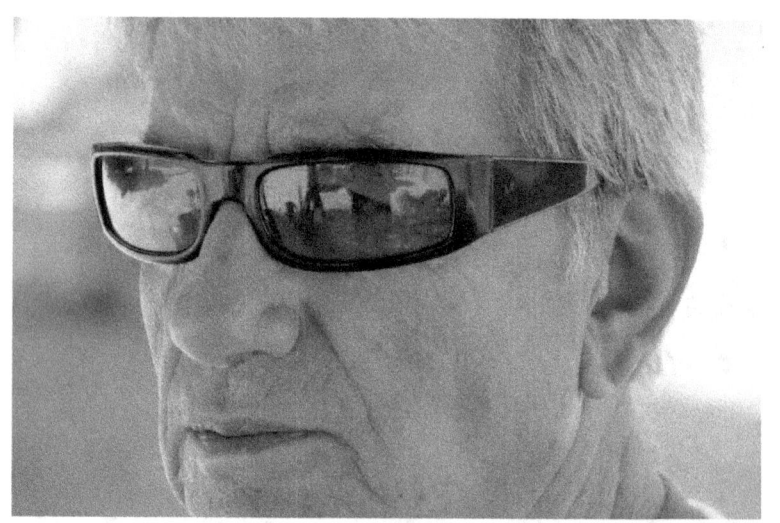

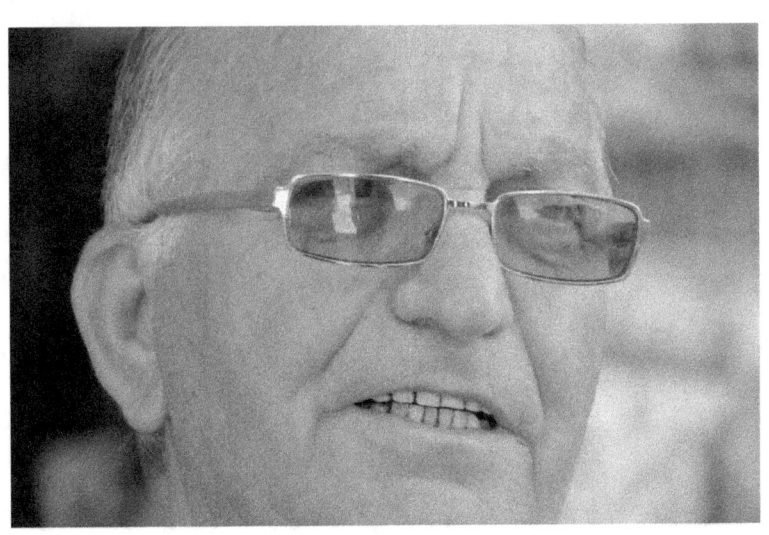

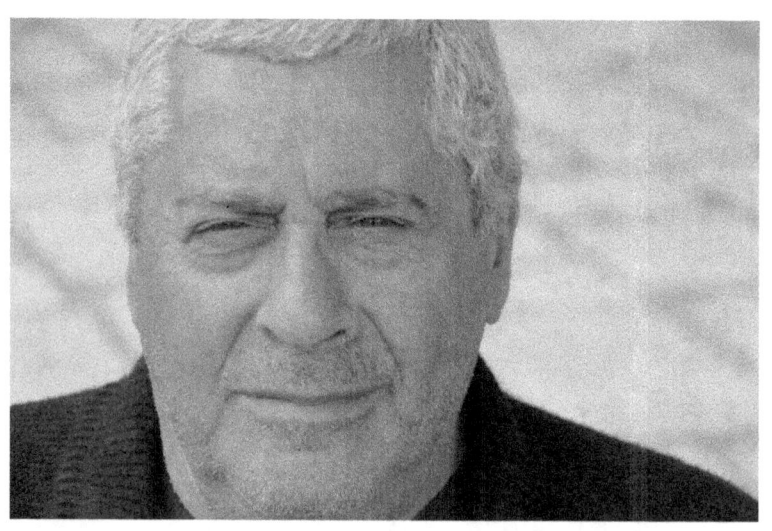

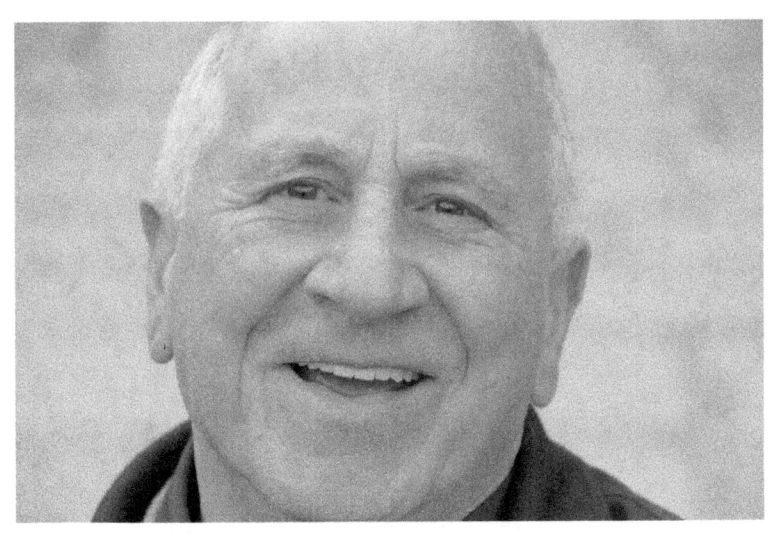

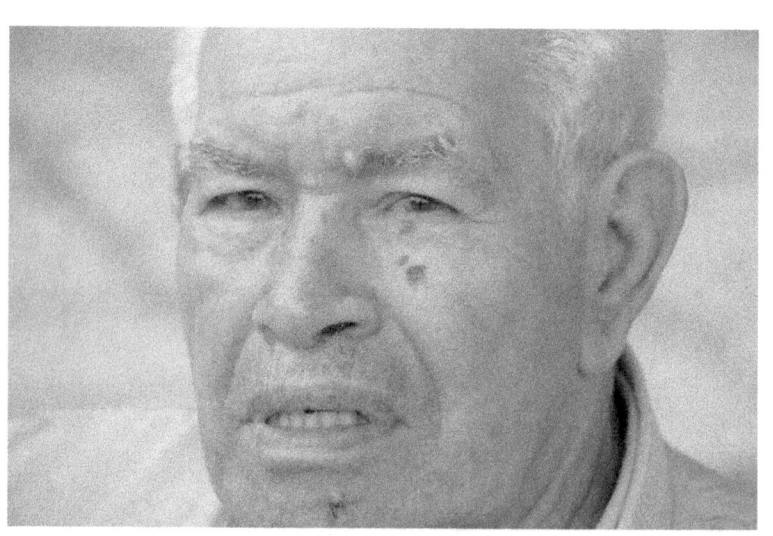

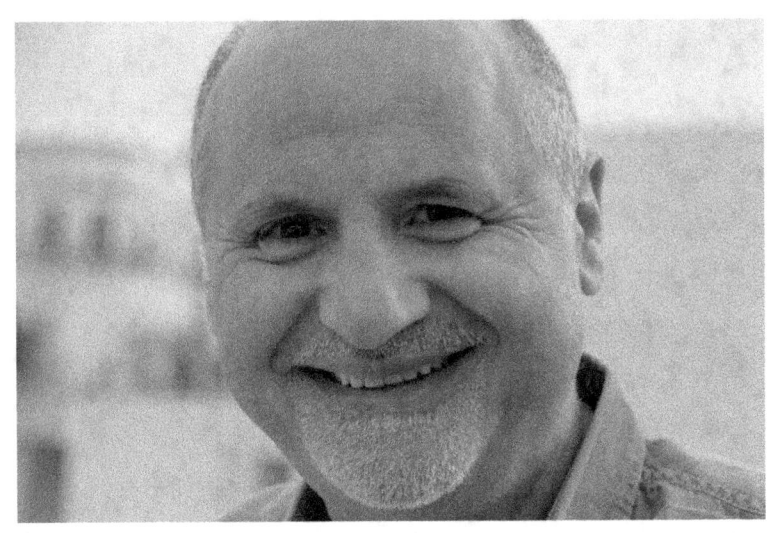

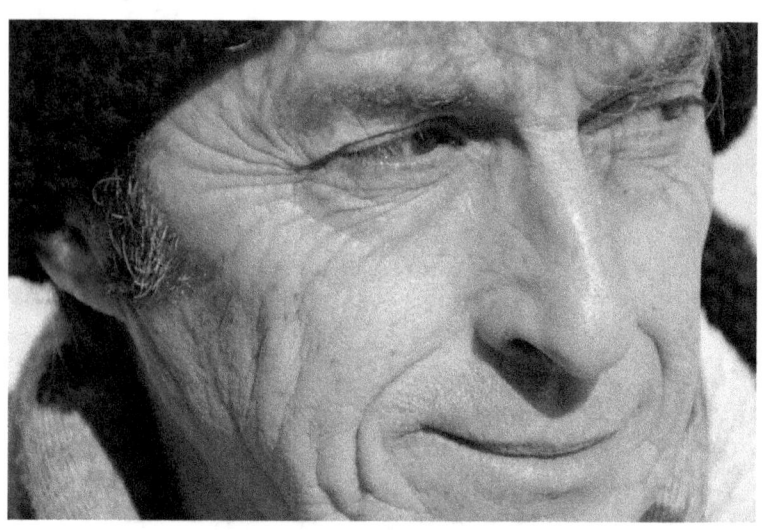

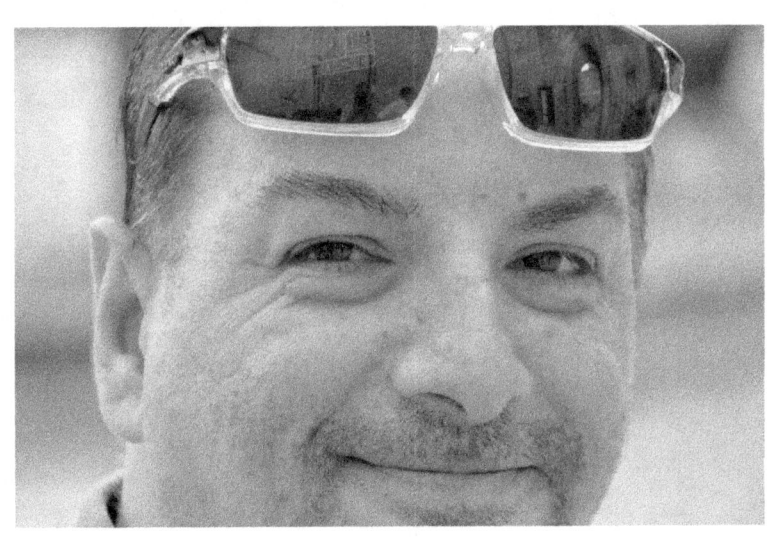

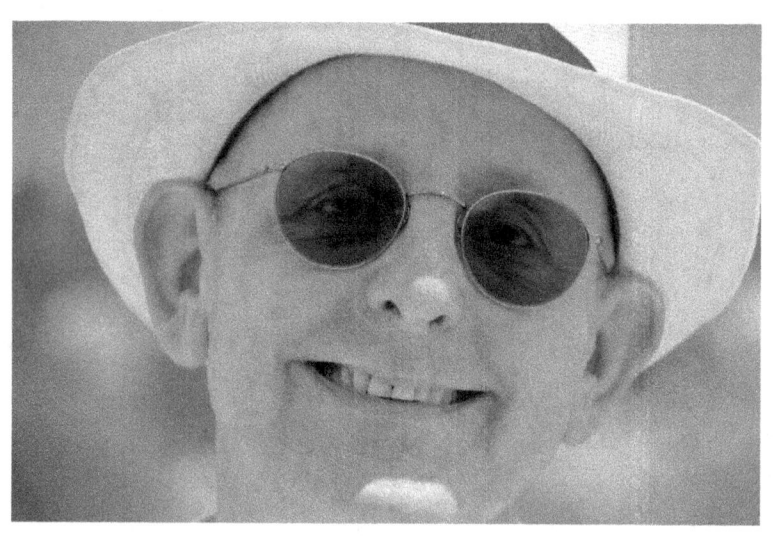

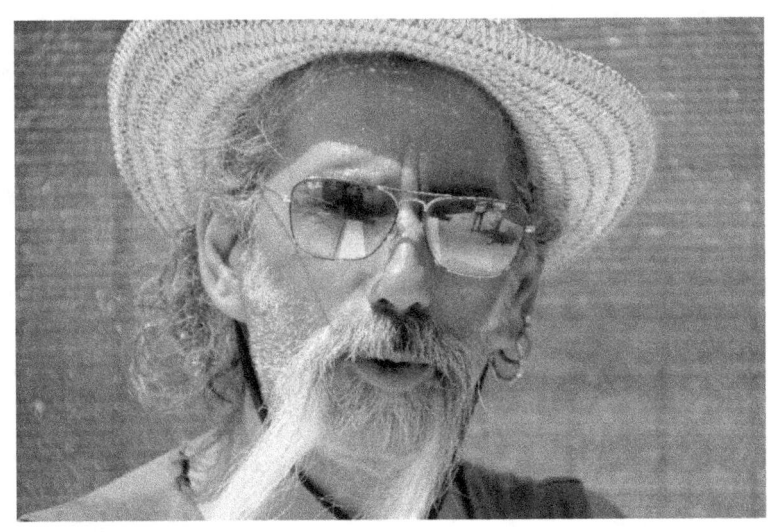

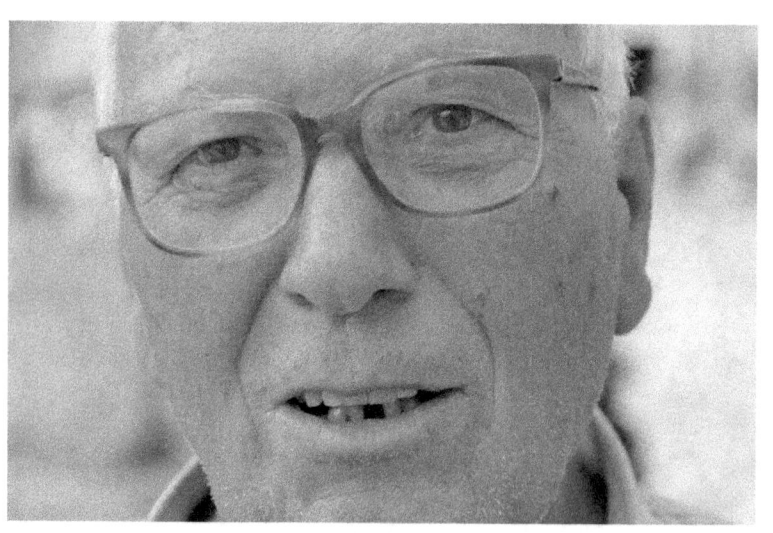

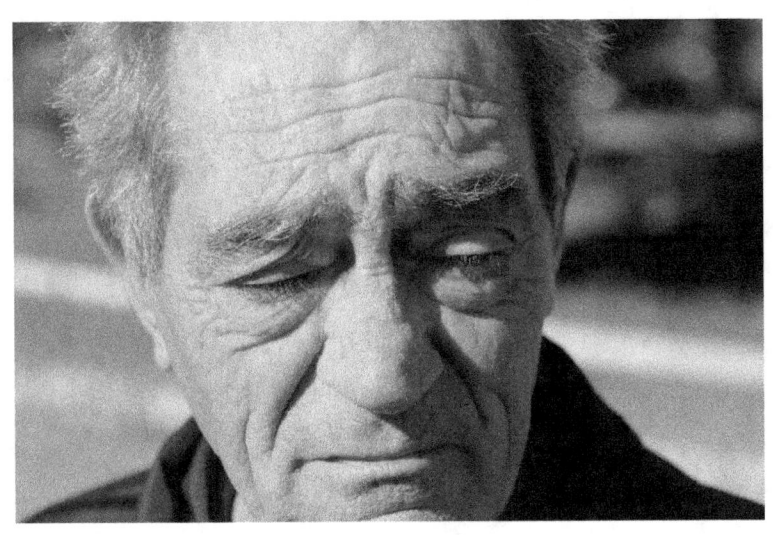

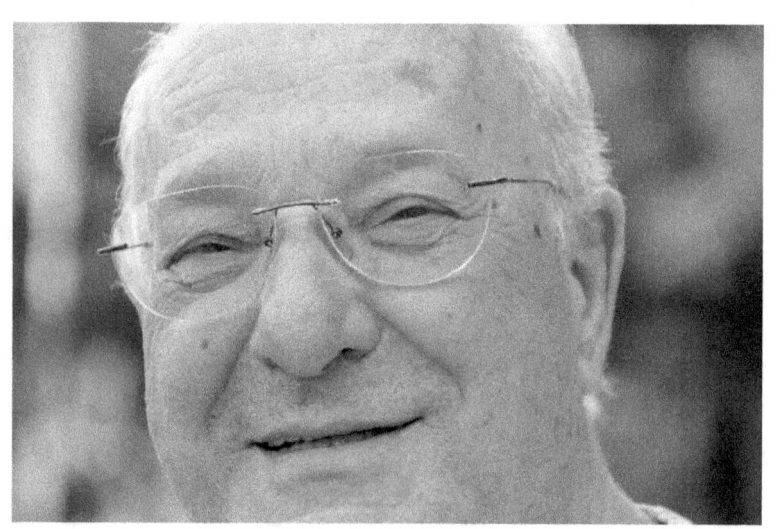

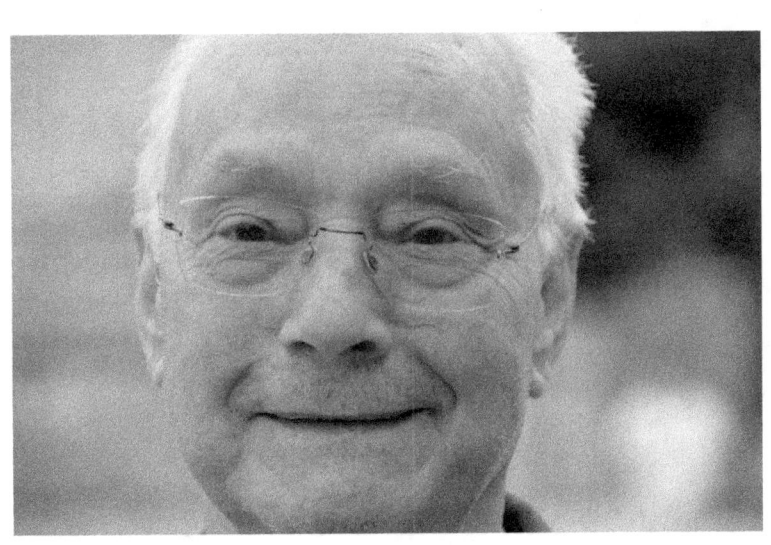

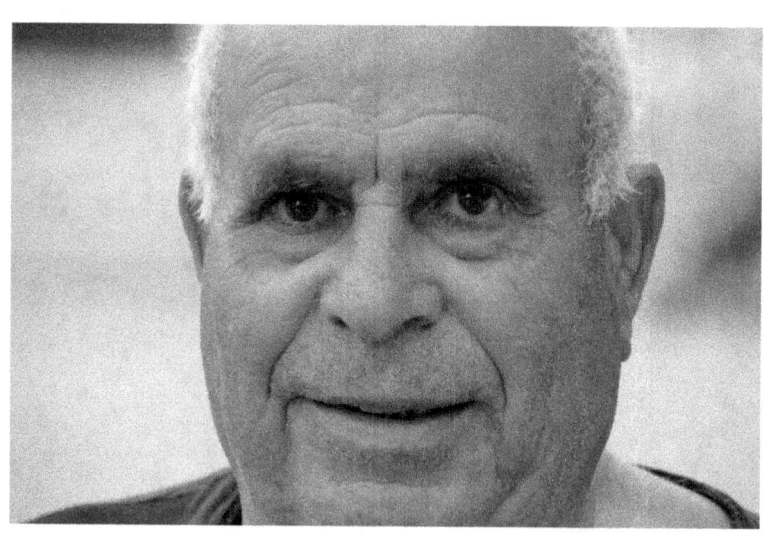

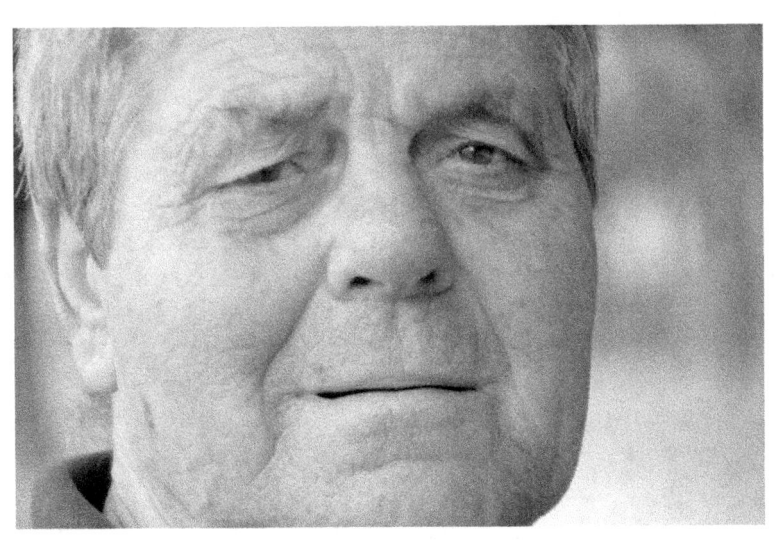

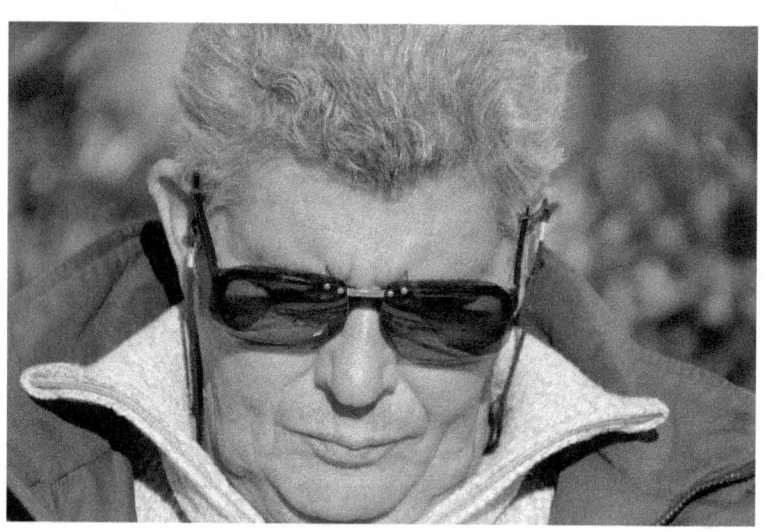

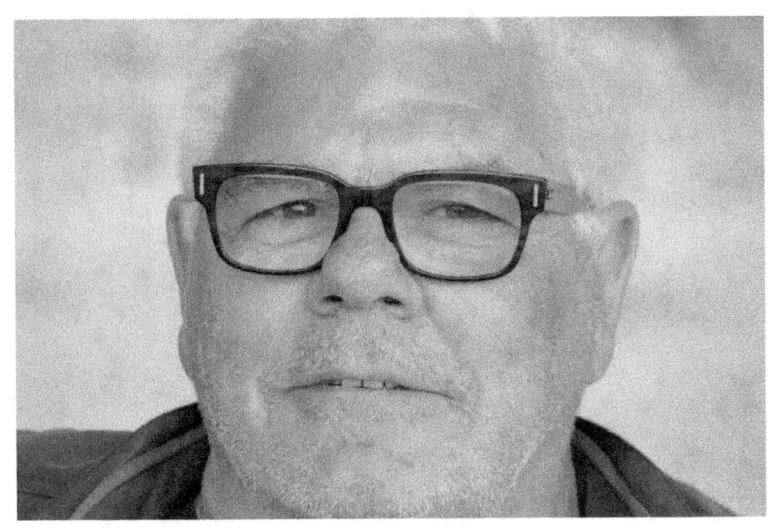

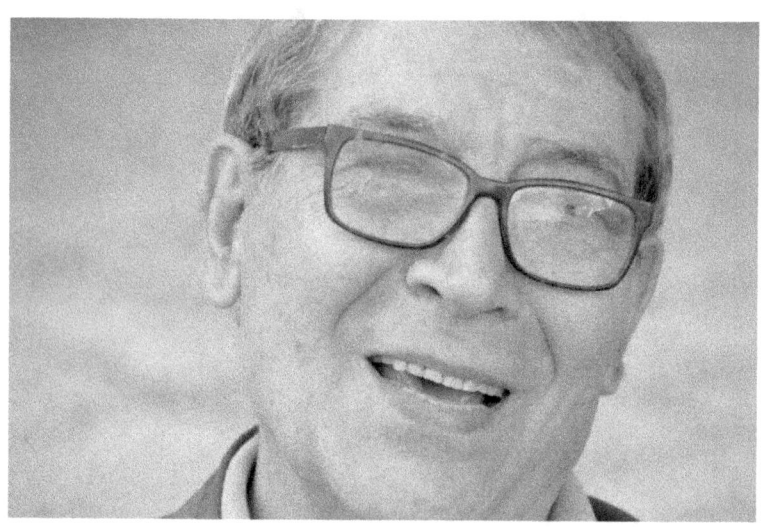

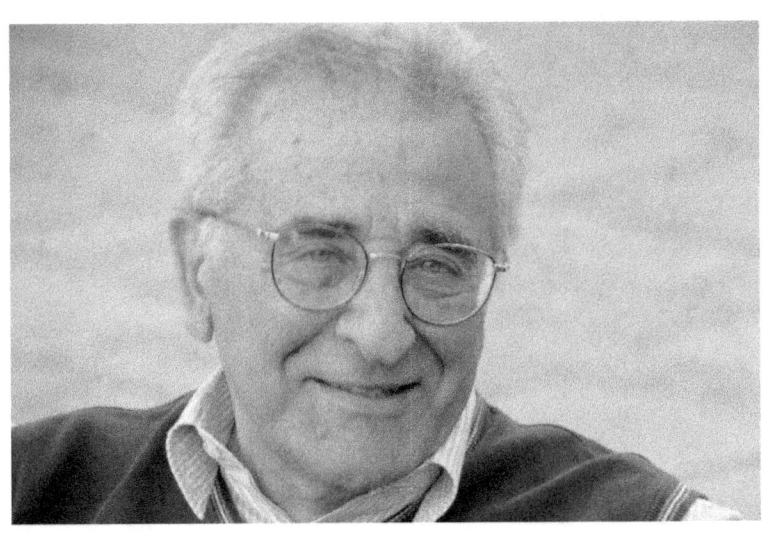

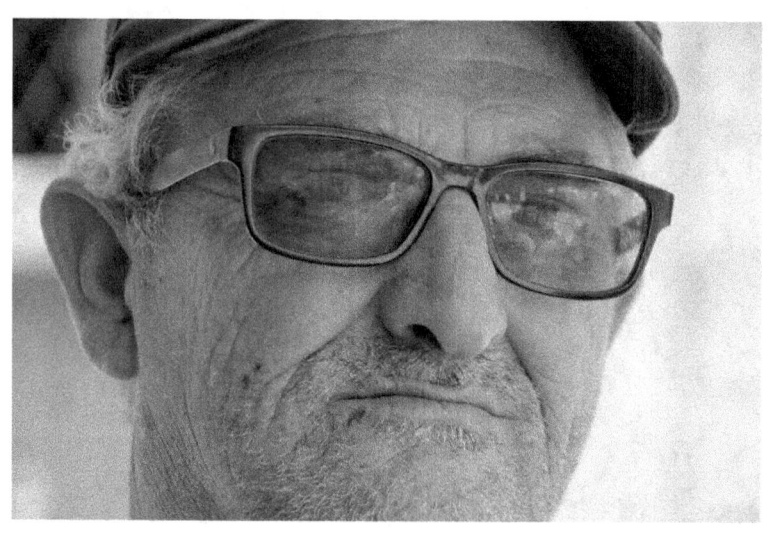

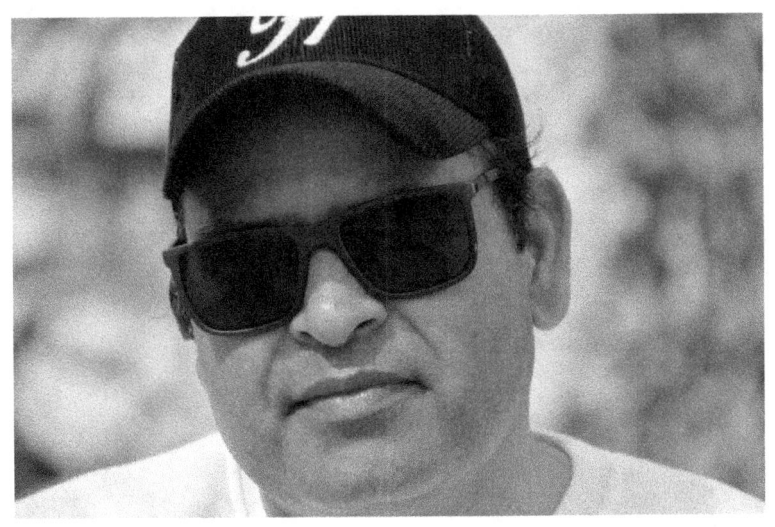

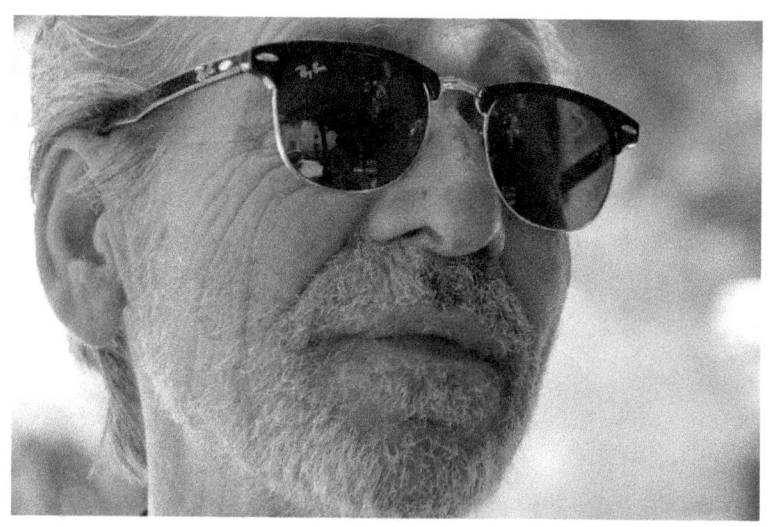

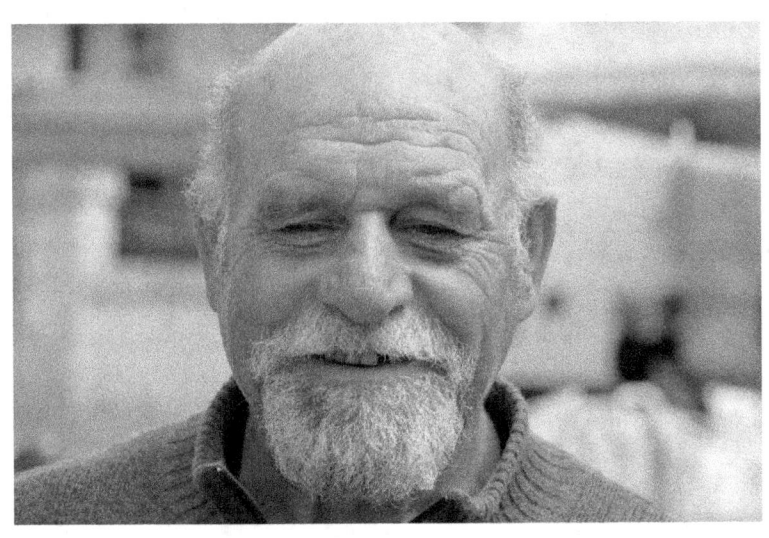

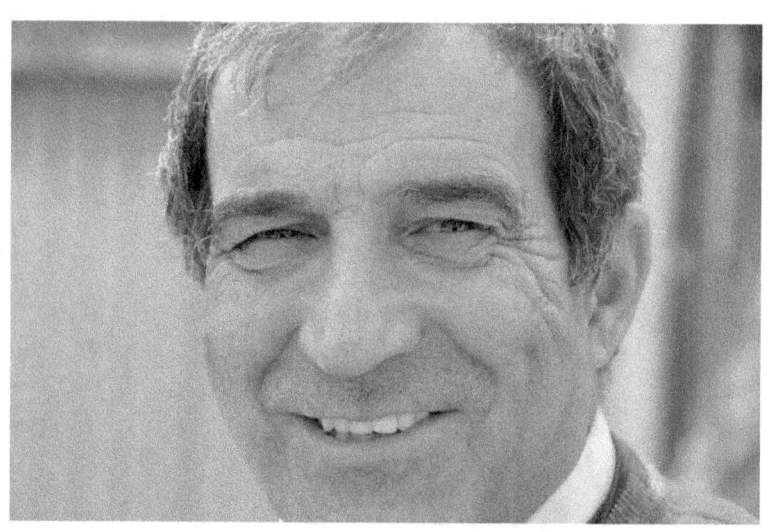

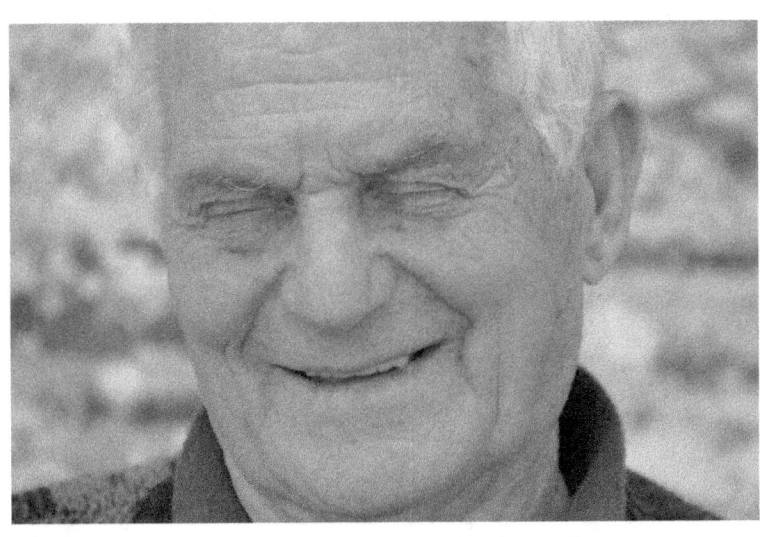

UN LUOGO PIÙ GIOVANE

Sulle strade prospicenti piazza Cappuccini, il luogo dei giovani e delle pizzerie, gli uomini senza alcun sostegno femminile, si ritrovano sul cordolo di un marciapiede, vicino ad un bar, dove ormai il negozio di scarpe di tendenza o l'intimo più intimo ha di fatto superato ogni possibile panchina.

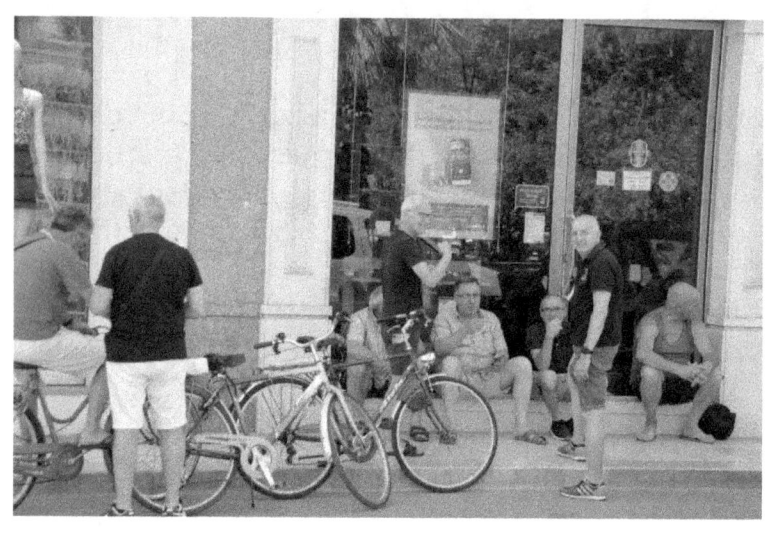

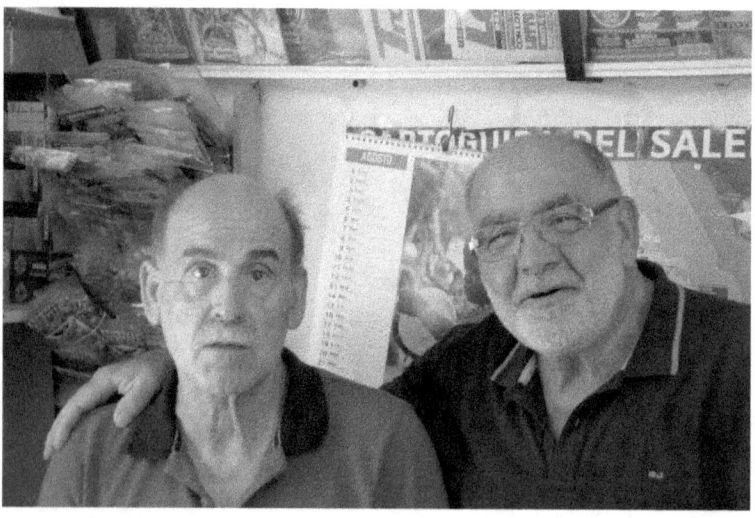

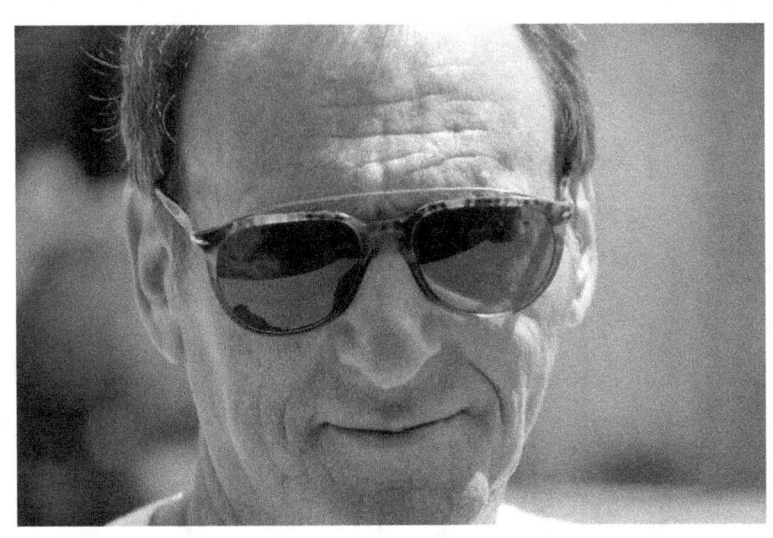

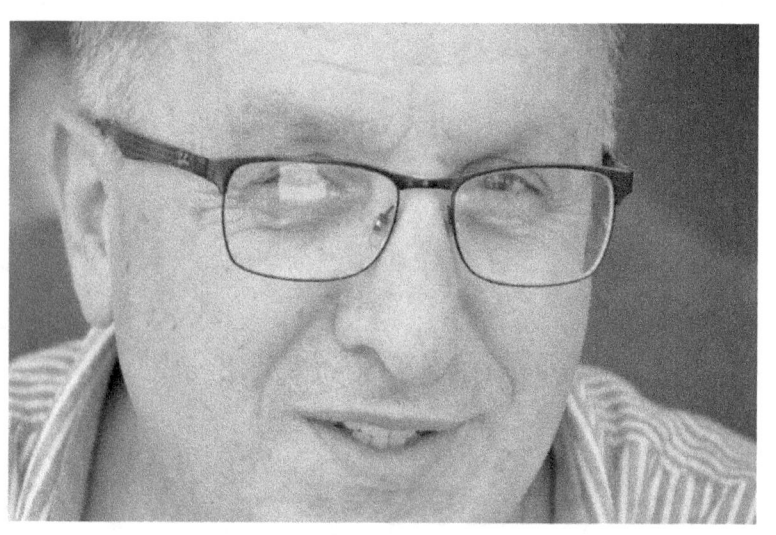

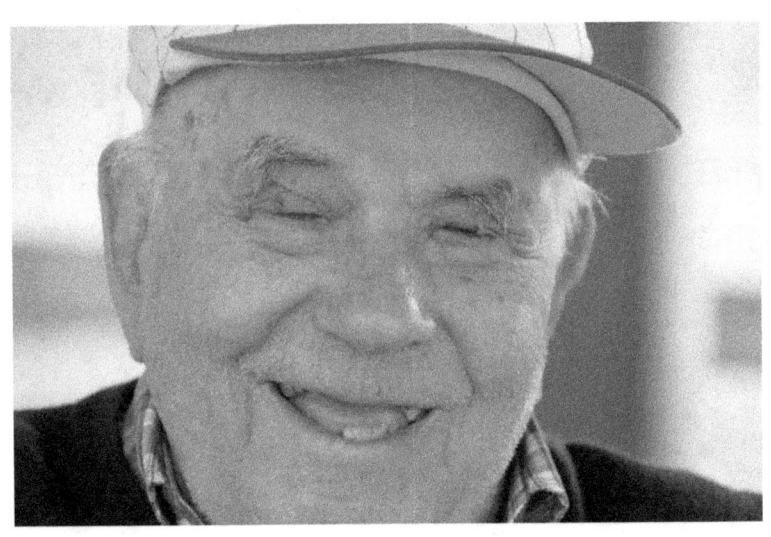

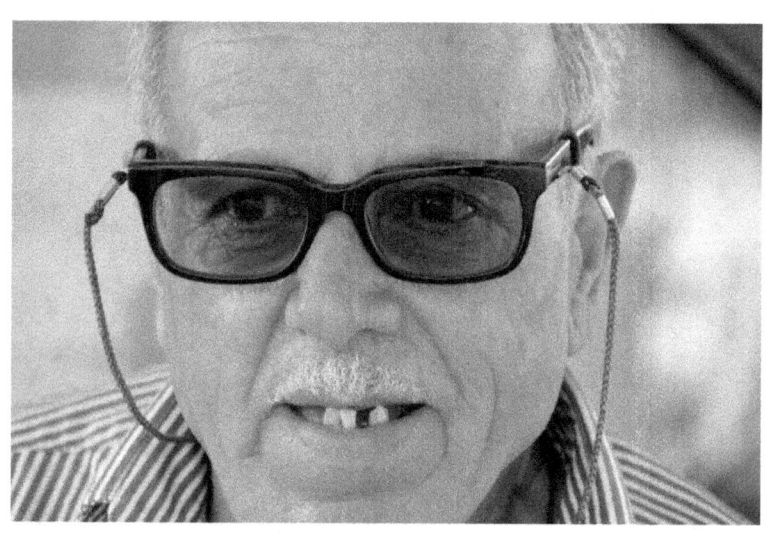

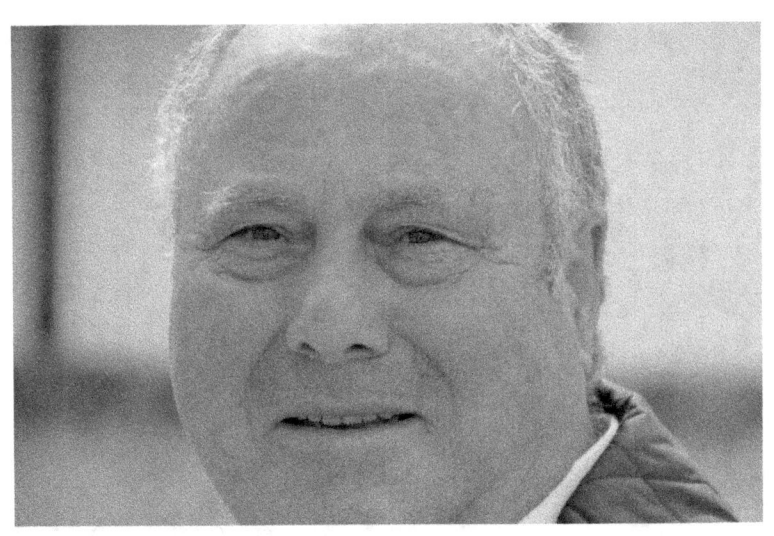

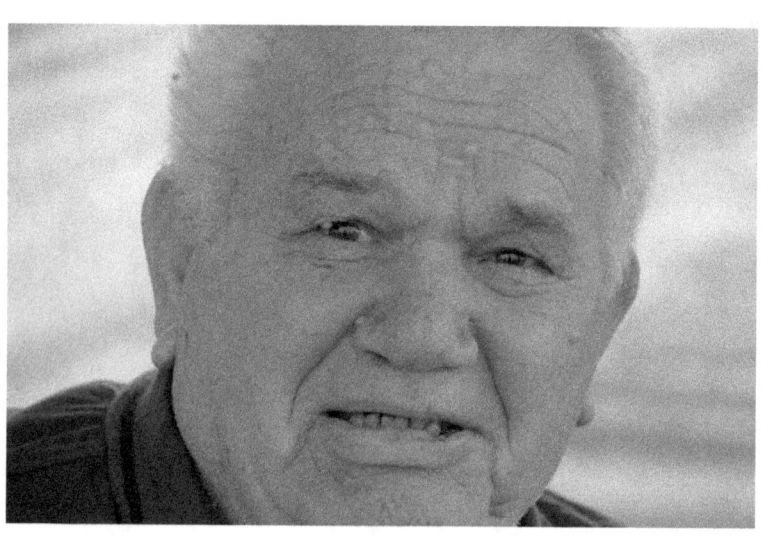

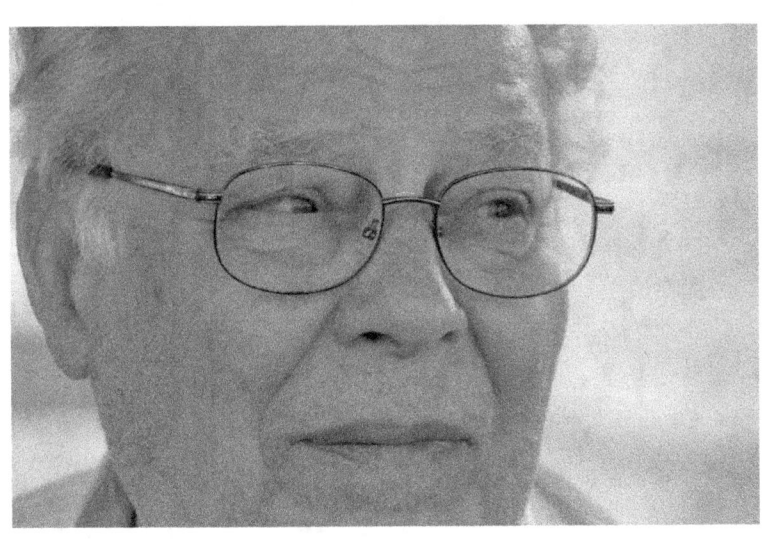

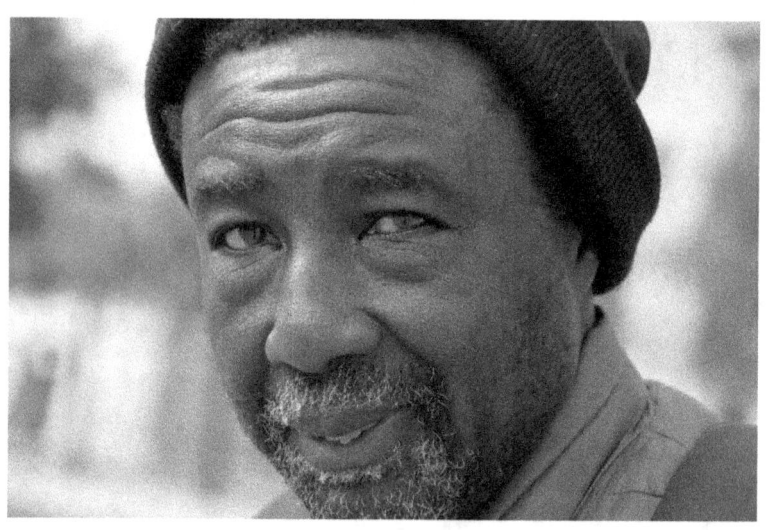

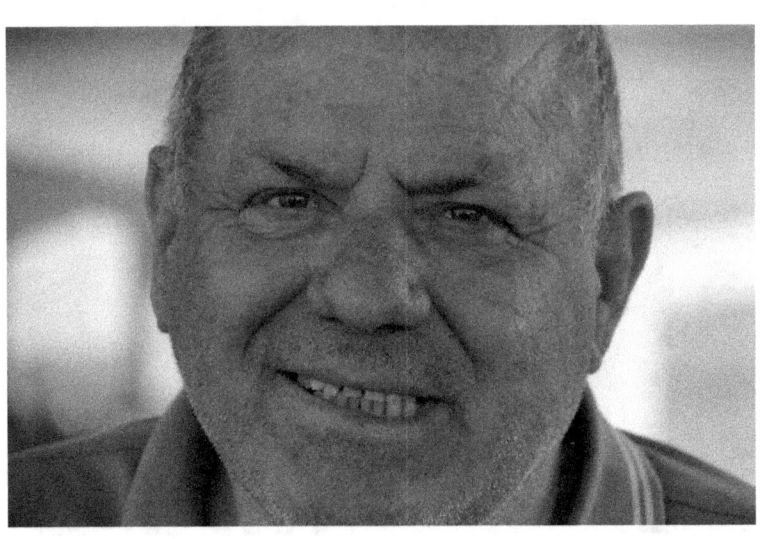

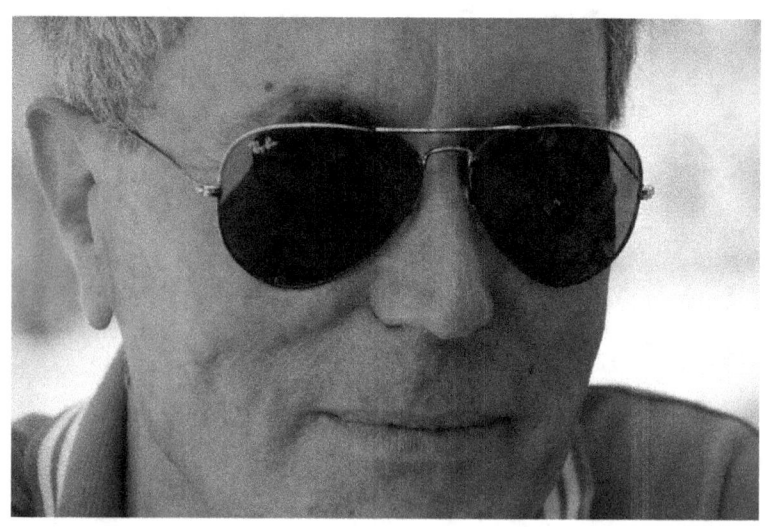

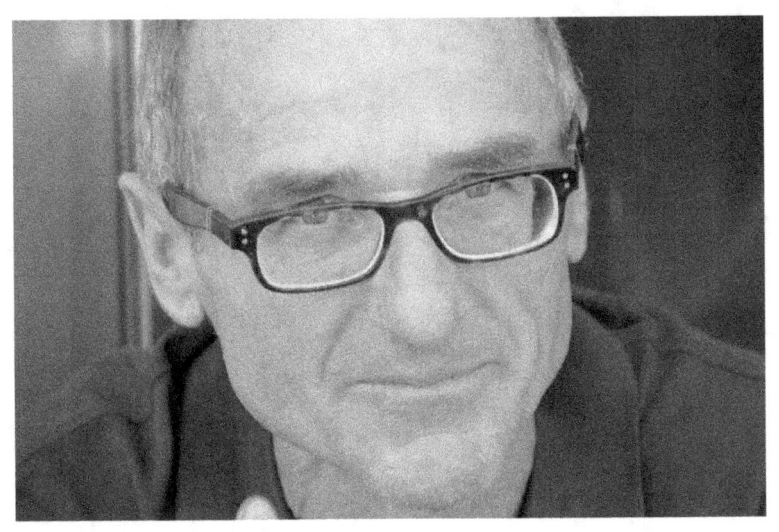

C'È VITA OLTRE SANT'EUFEMIA?

Forse sì, si va verso Alessano, per gli antichi sentieri de "le Matine", c'è ancora un filo di terra prima dello sbocco finale di Leuca. Un lembo irrisolto, confine di un Mediterraneo ancora da scoprire. Ma pare marginale, visto da qui, da un entroterra sicuro, pieno di certezze ancestrali, ancora poco contaminato dalle effimere moderne interconnessioni.

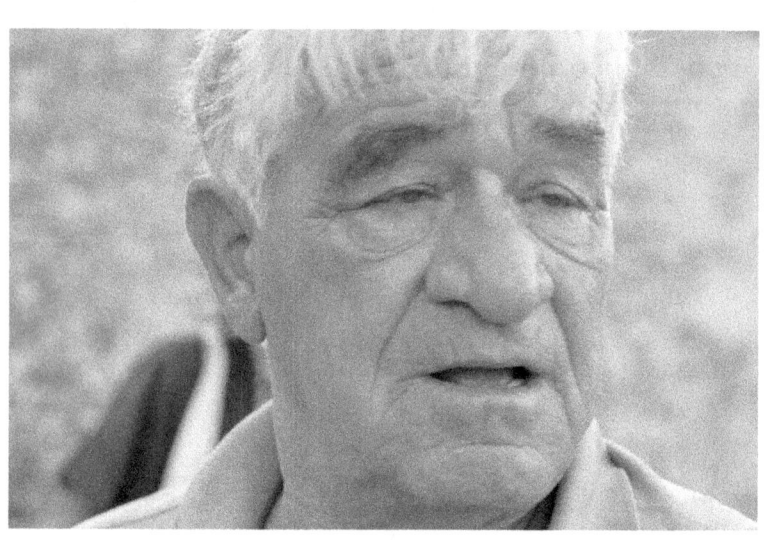

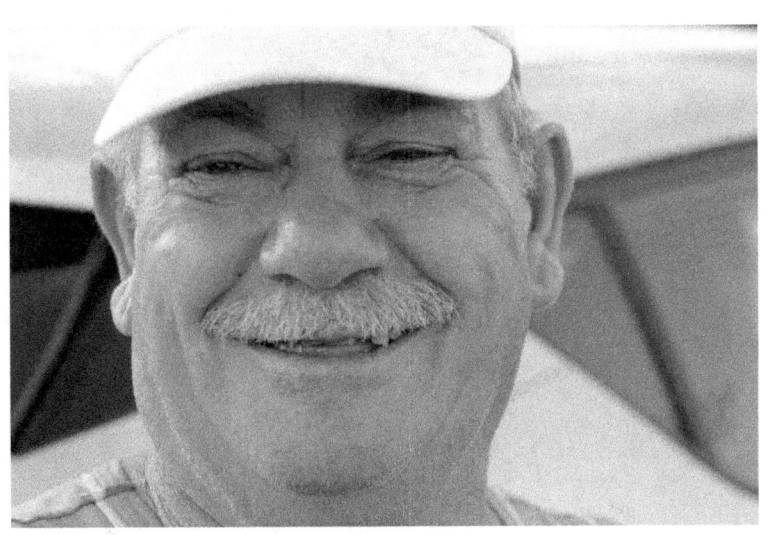

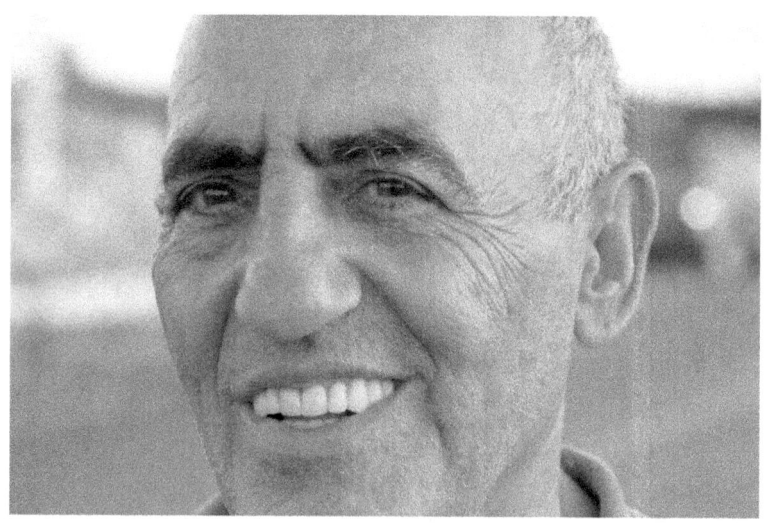

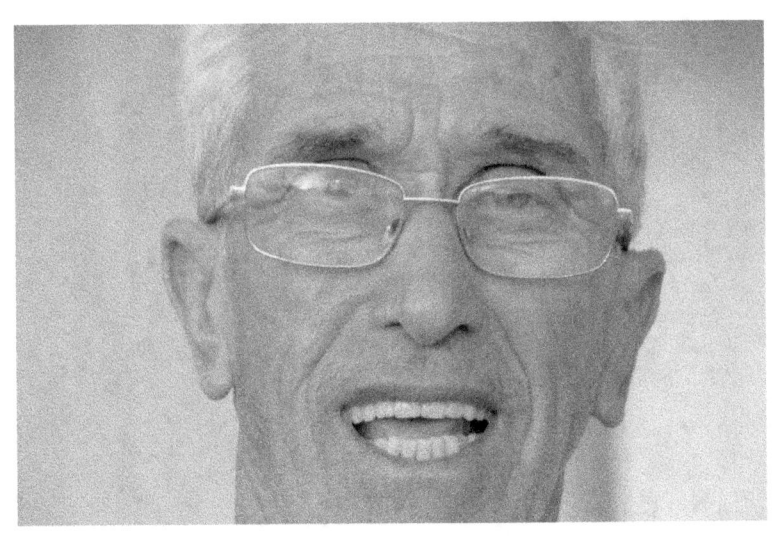

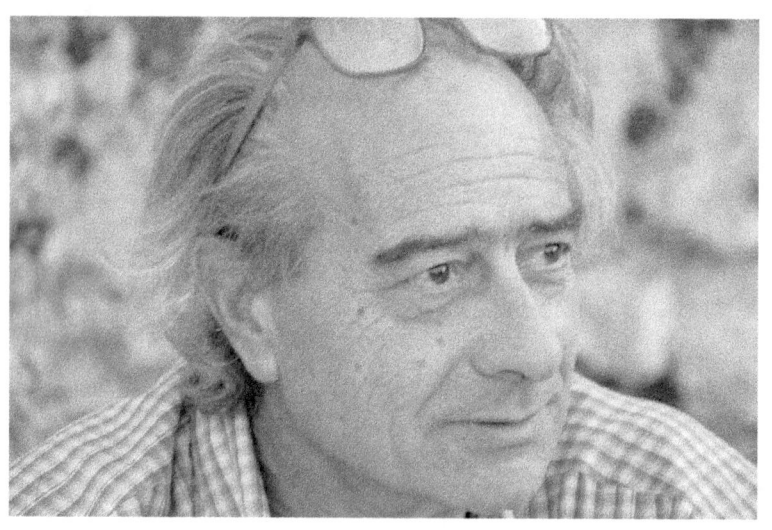

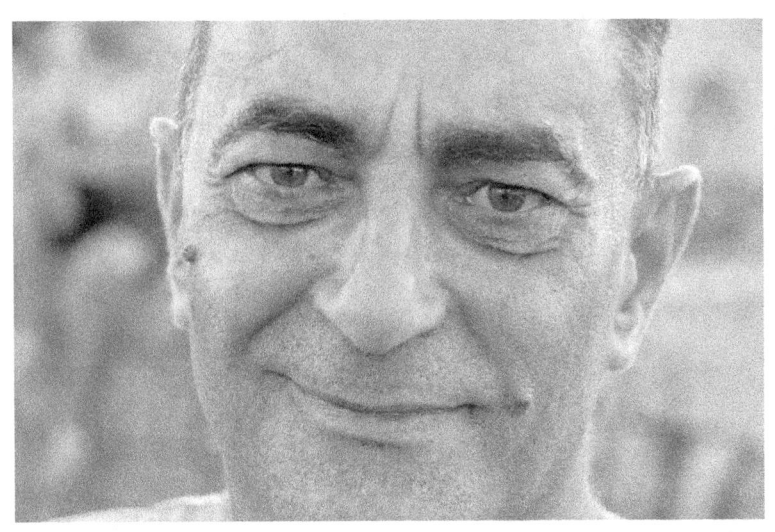

SPOSTARE UN PO' PIÙ IN LÀ

Non ci sono ritratti di congreghe di uomini soli, come potrebbe essere una confraternita, dove storicamente la parte forte è quella maschile: si mette una statua in spalla, porta gli stendardi e accompagna le processioni. Non è quello il contesto che interessava: qui vengono ritratti posizioni residuali, porzioni di mondo ormai in evanescenza, volti rassegnati al non poter più cogliere segni di rinnovamento. Volti di persone contrite, quasi tristi, consapevoli di non essere più l'unica parte vincente della società, ma che hanno deciso di portare fino in fondo la loro eroica missione: vivere spostando un po' più in là il peso di vivere.

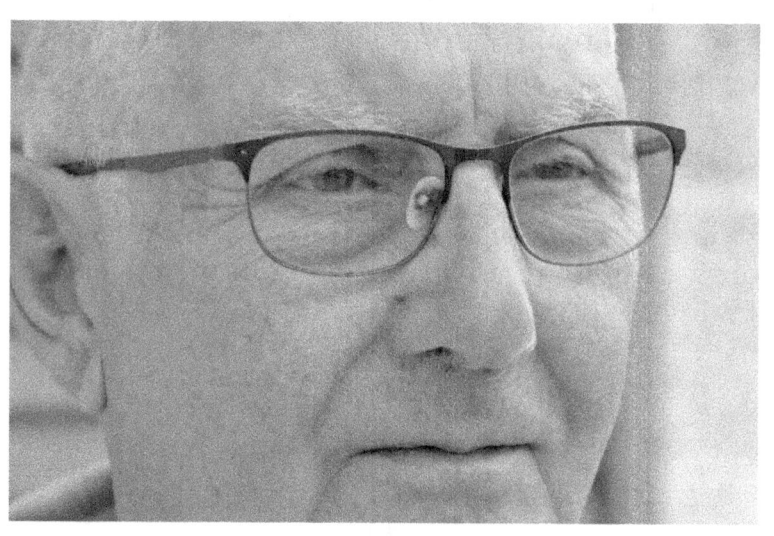

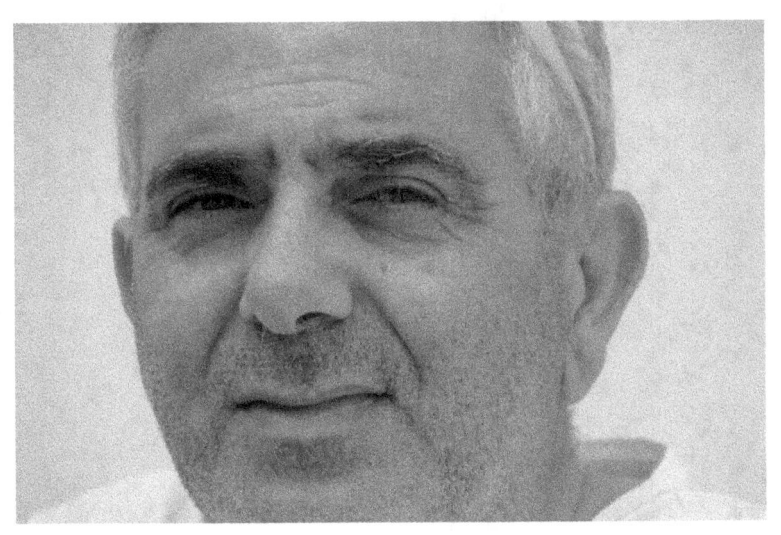

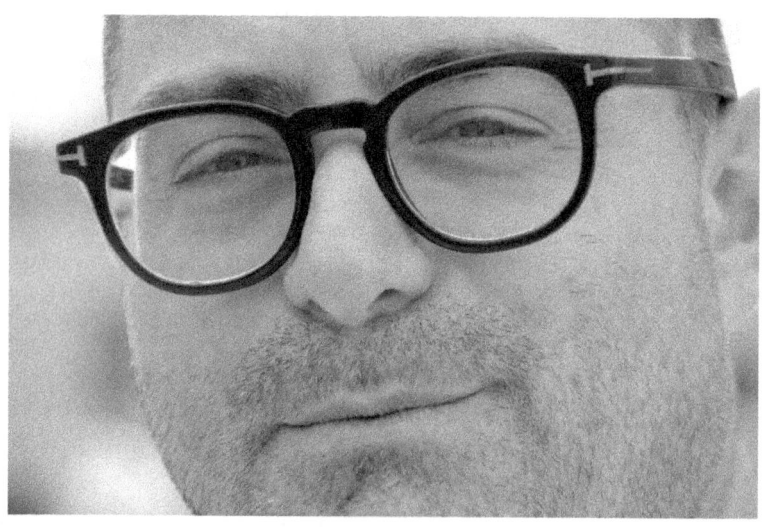

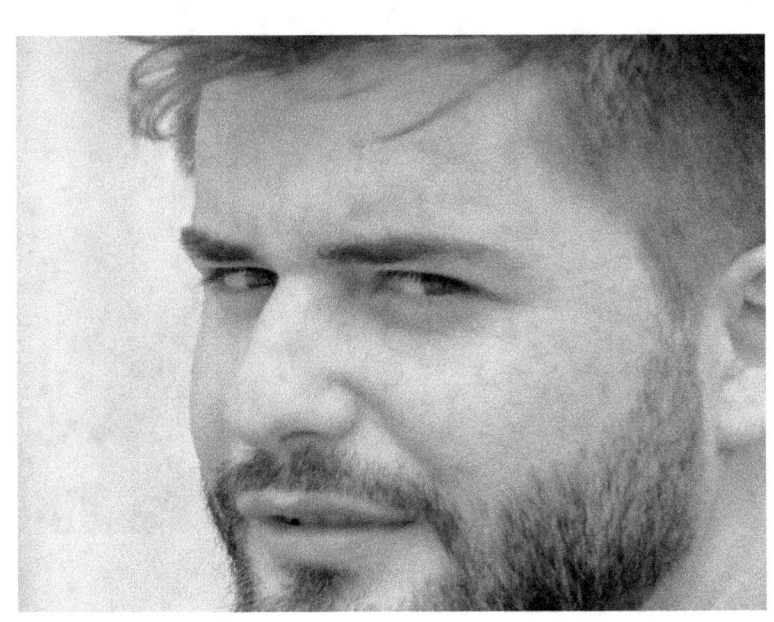

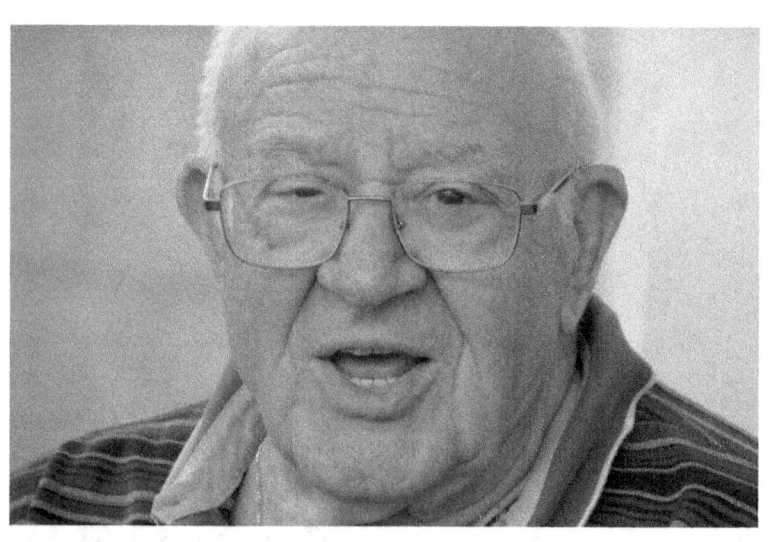

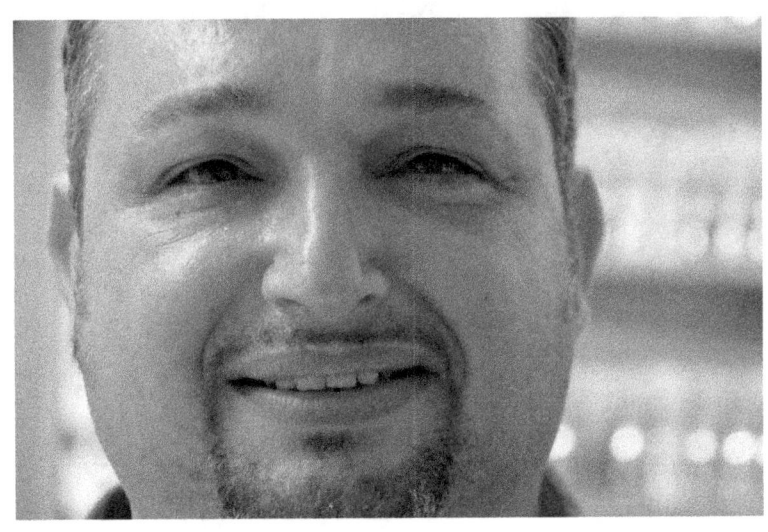

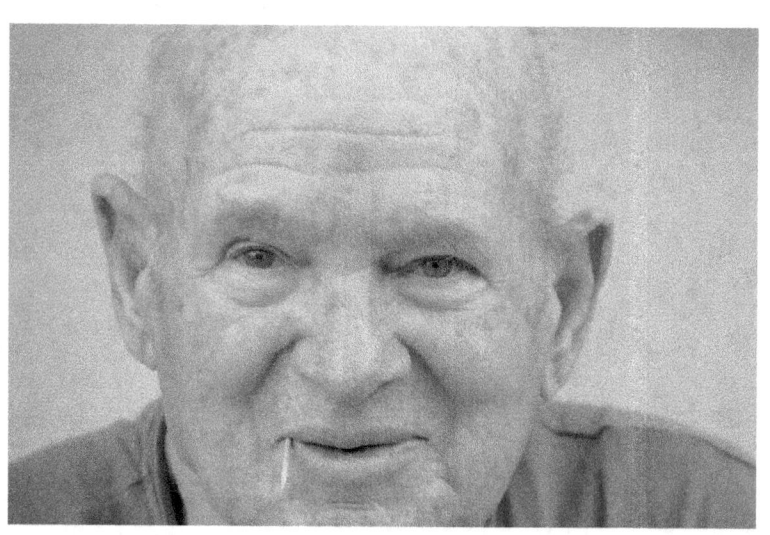

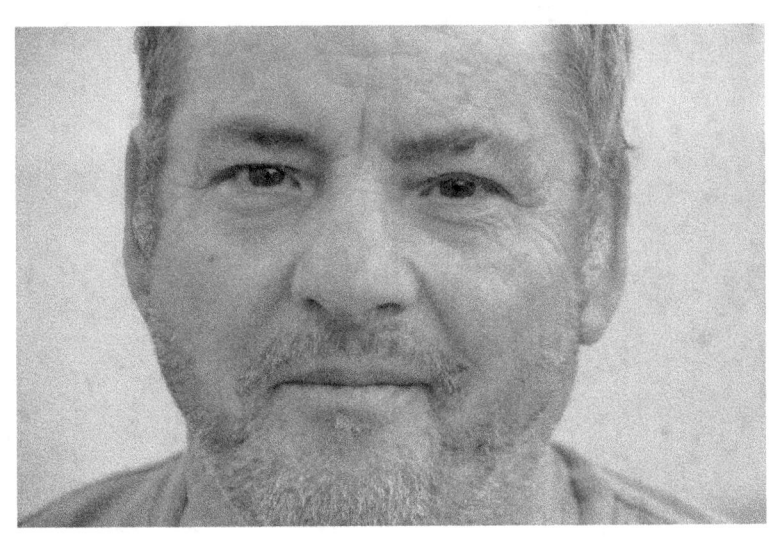

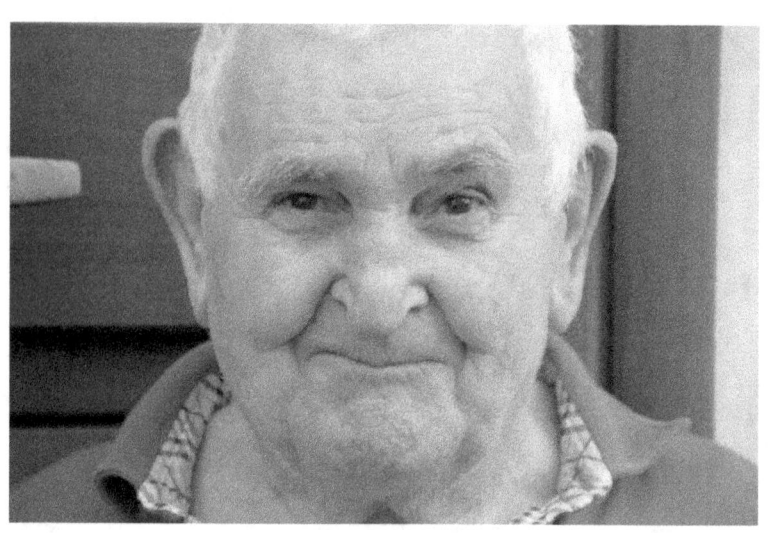

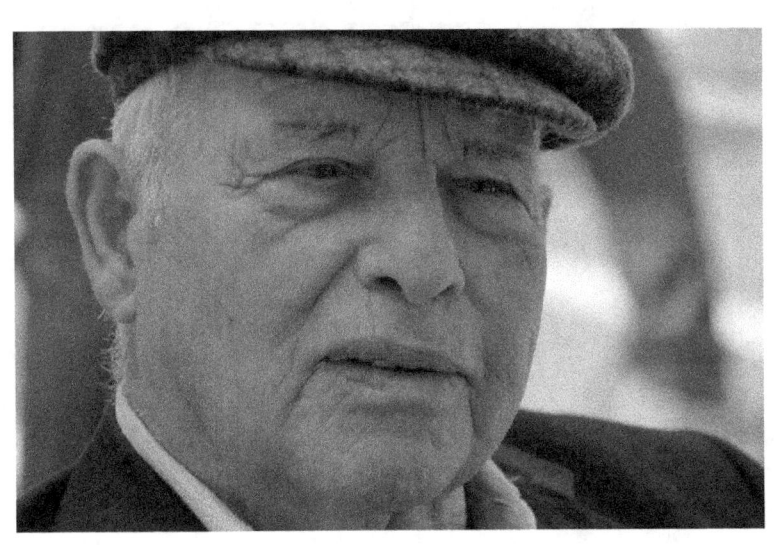

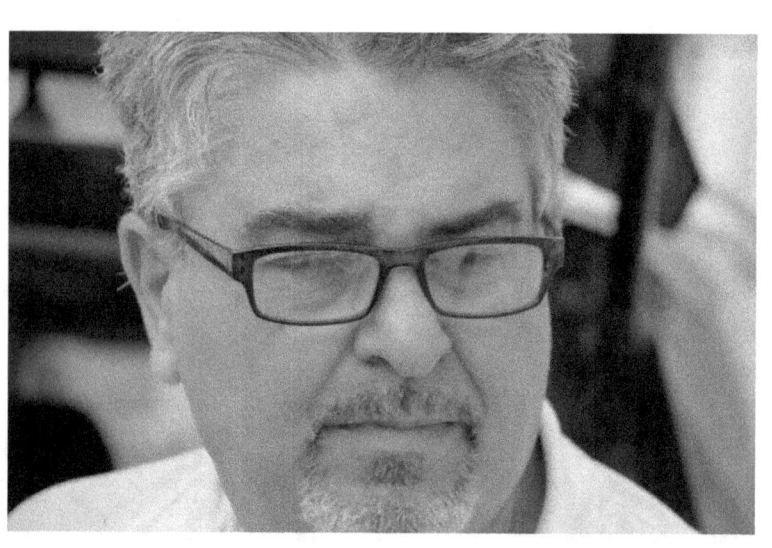

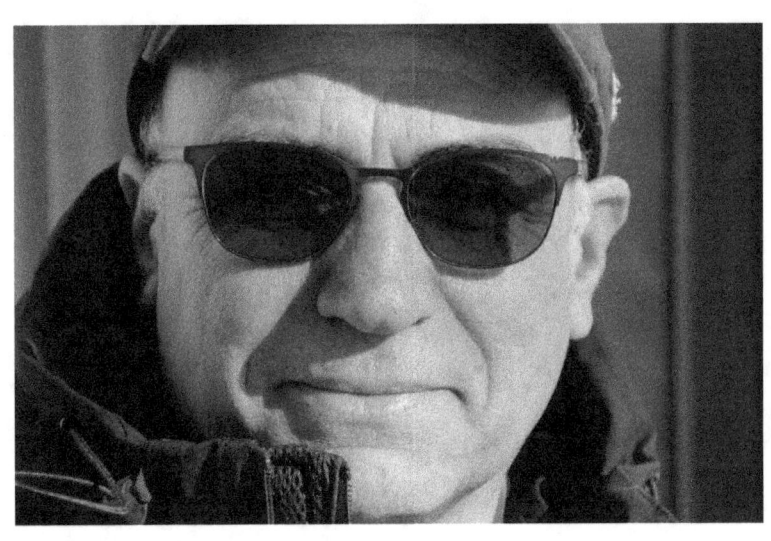

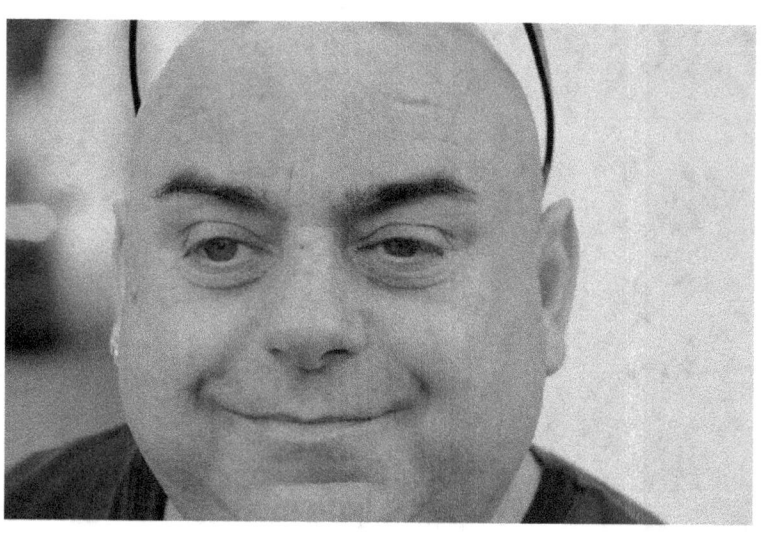

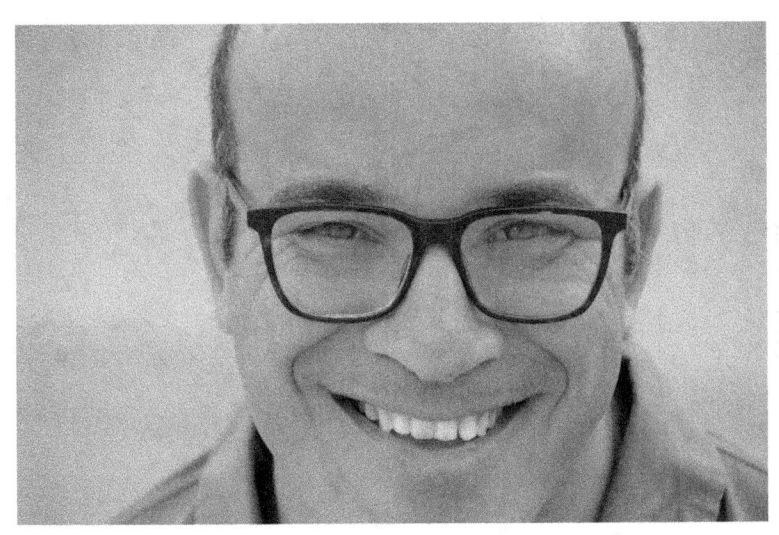

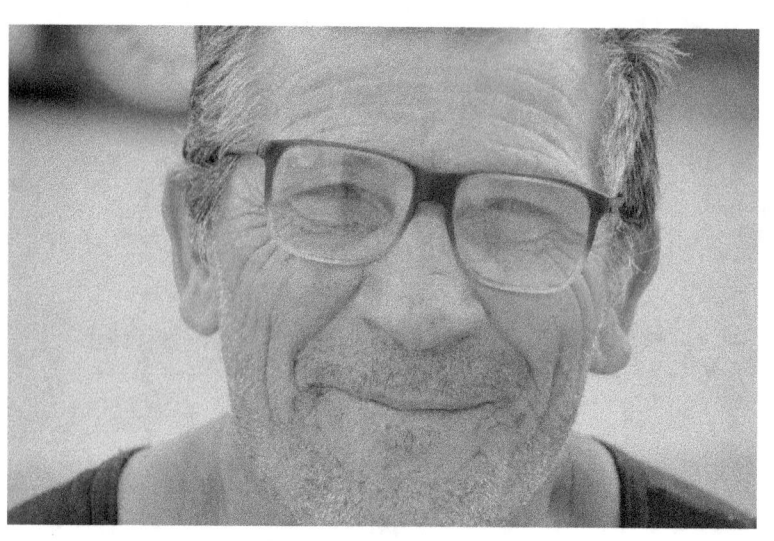

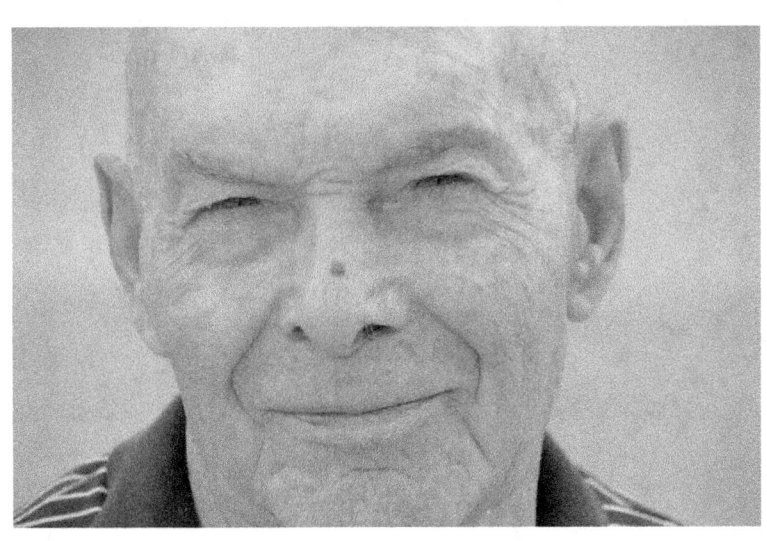

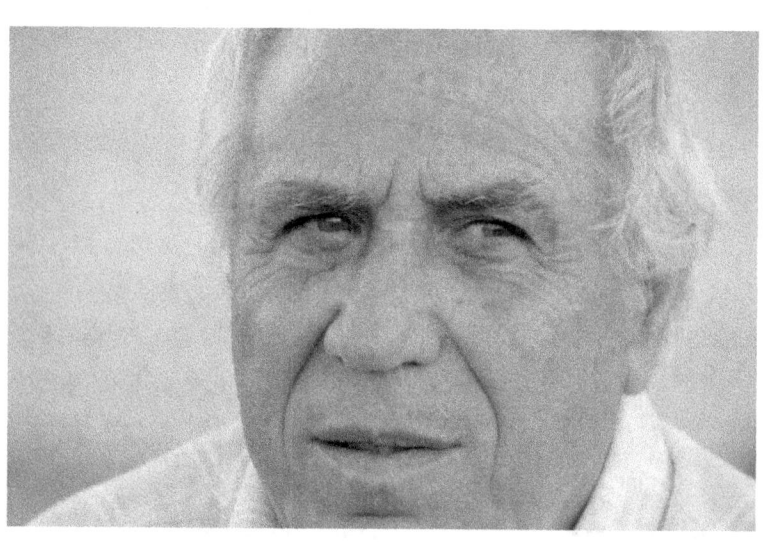

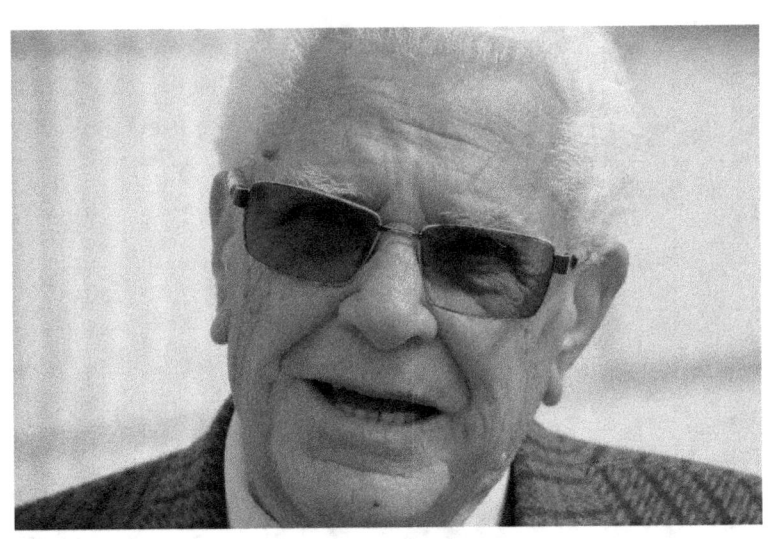

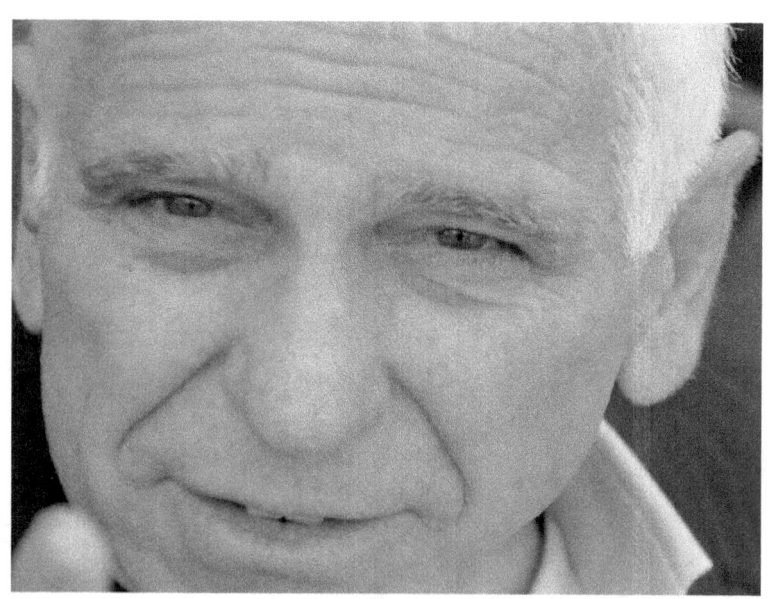

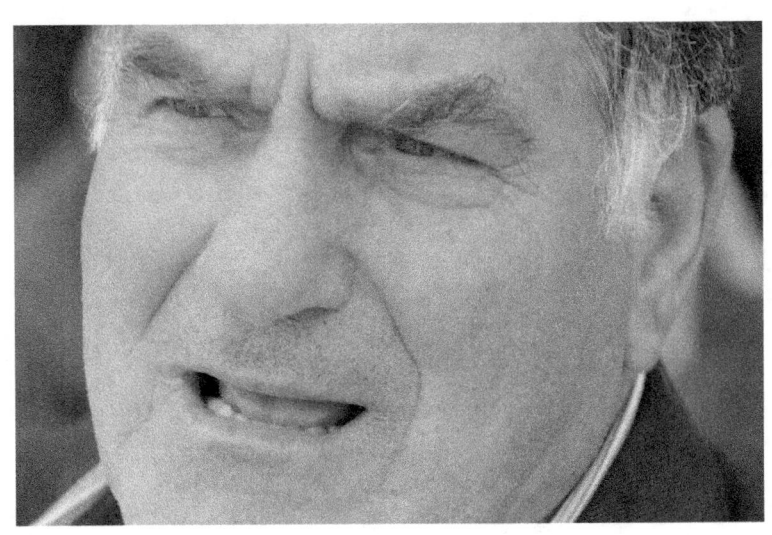

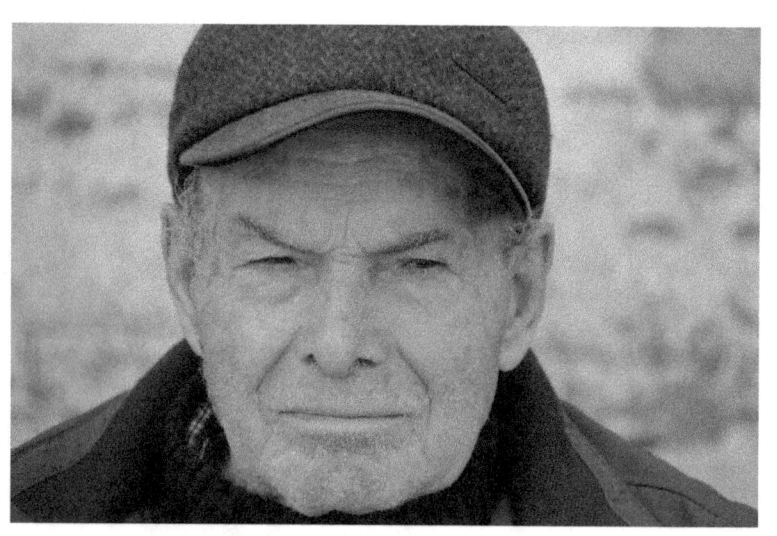

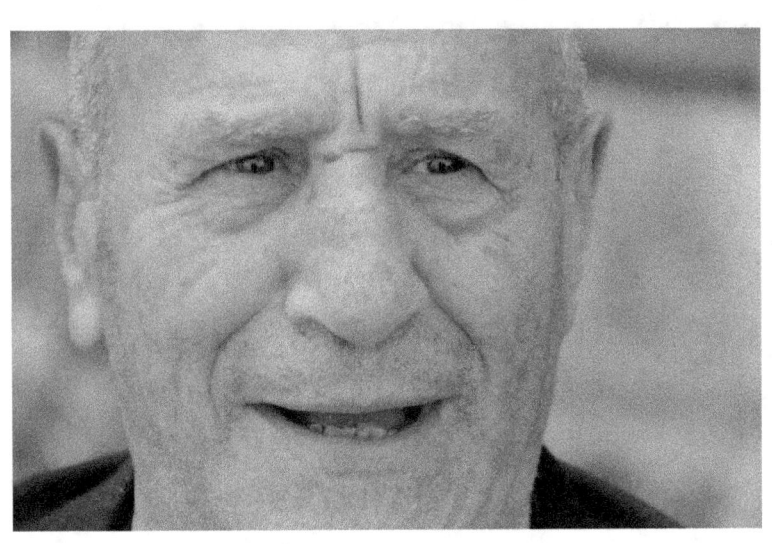

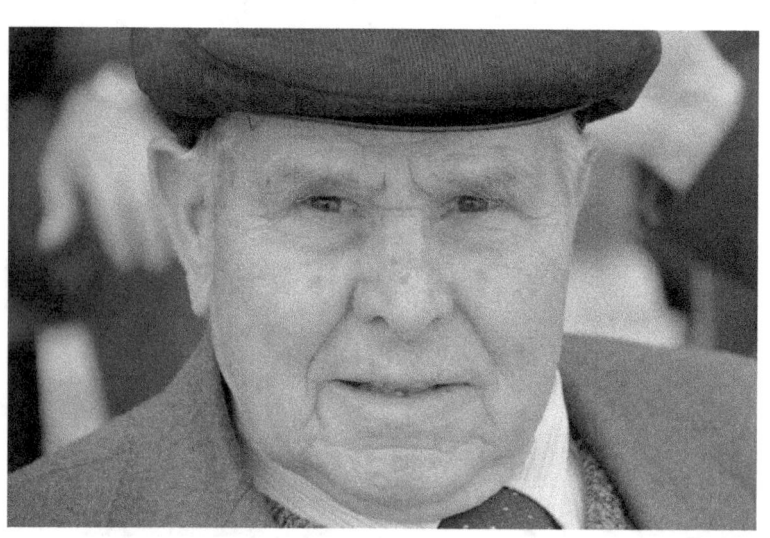

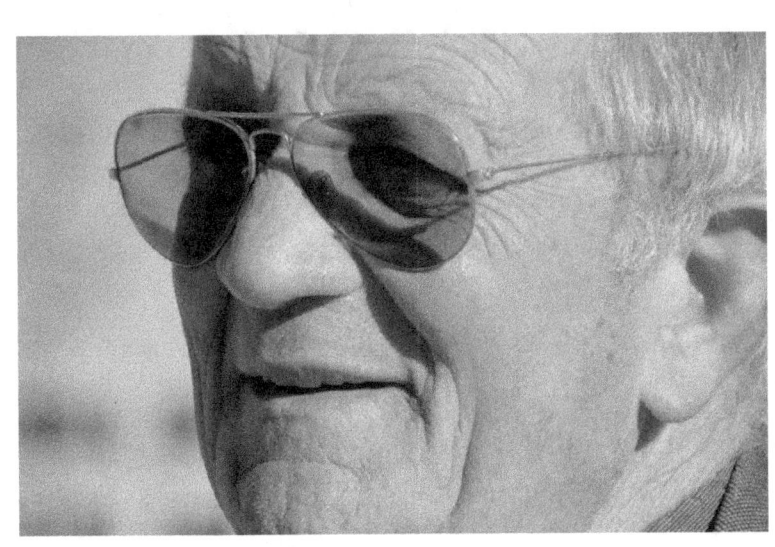

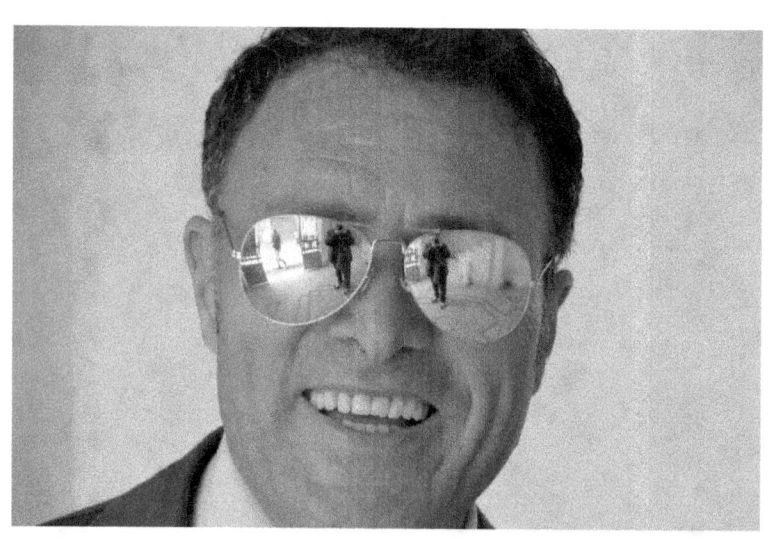

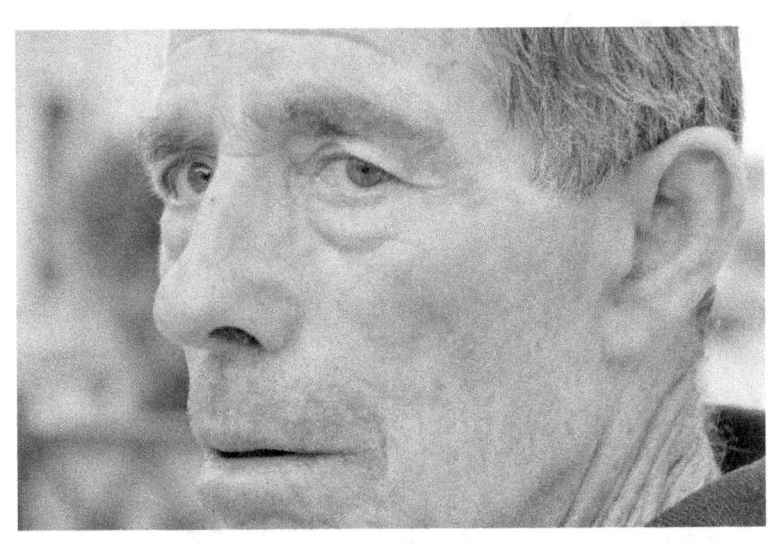

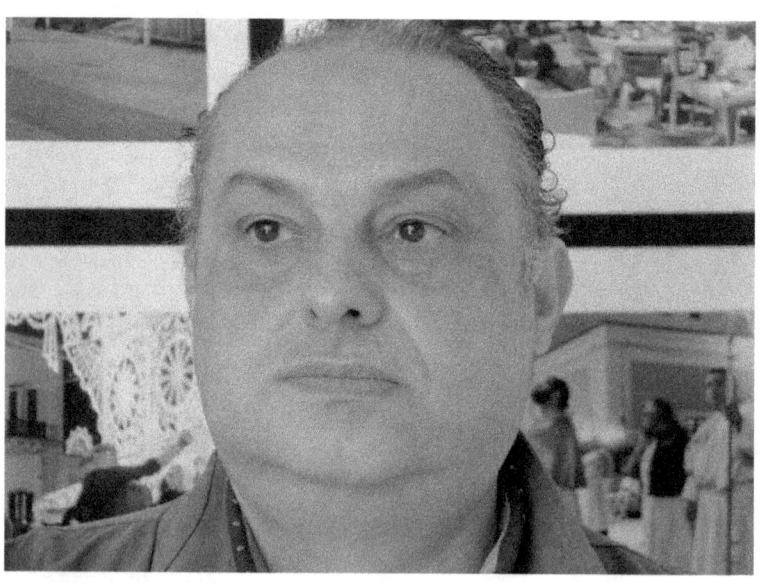

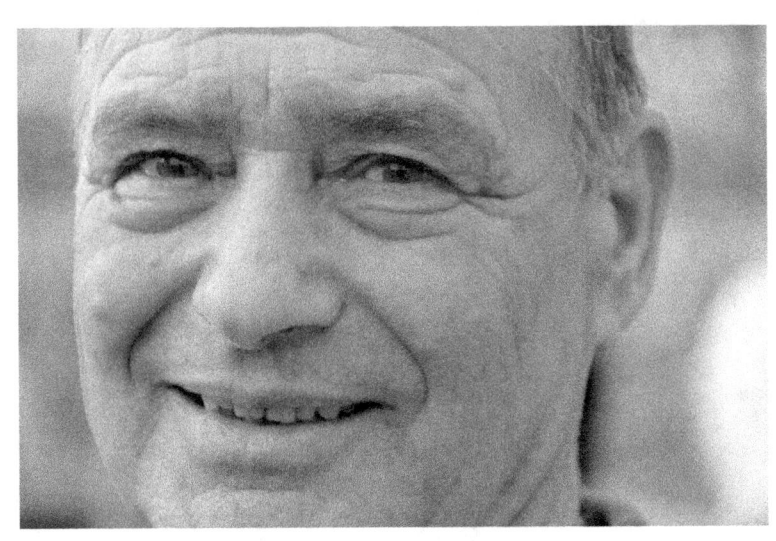

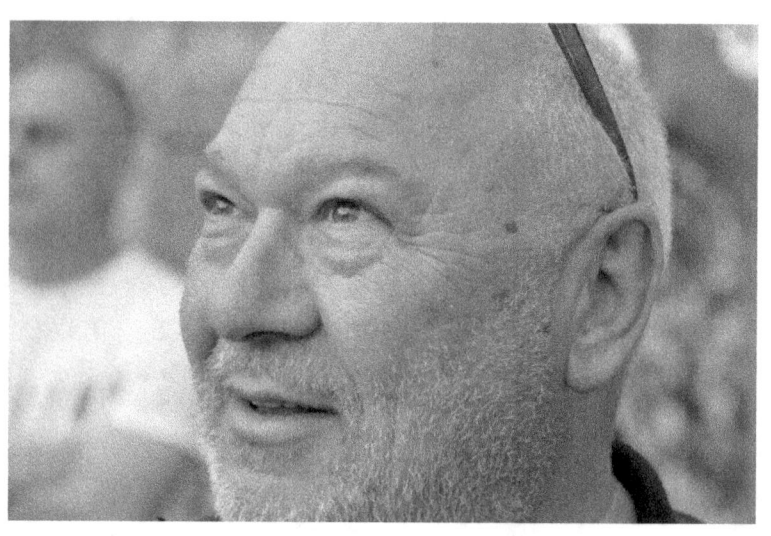

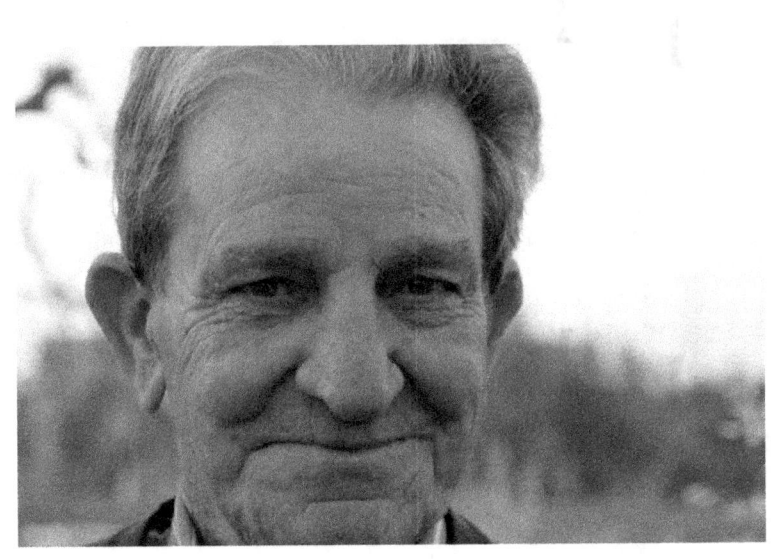

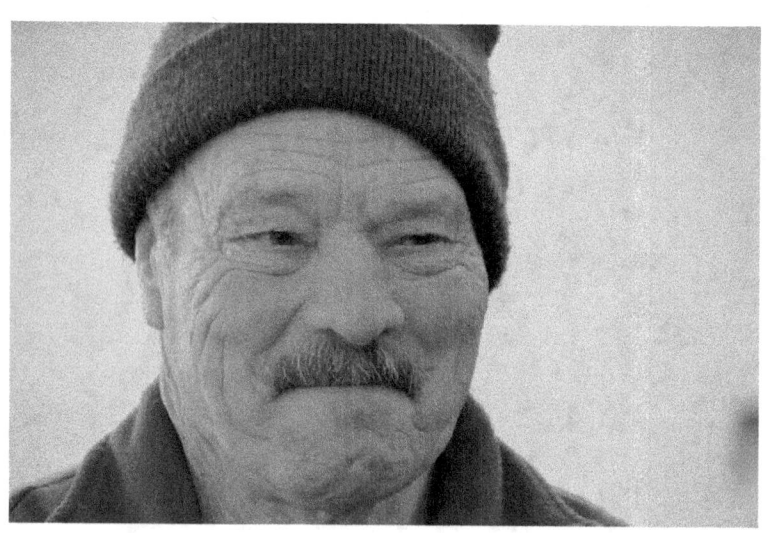

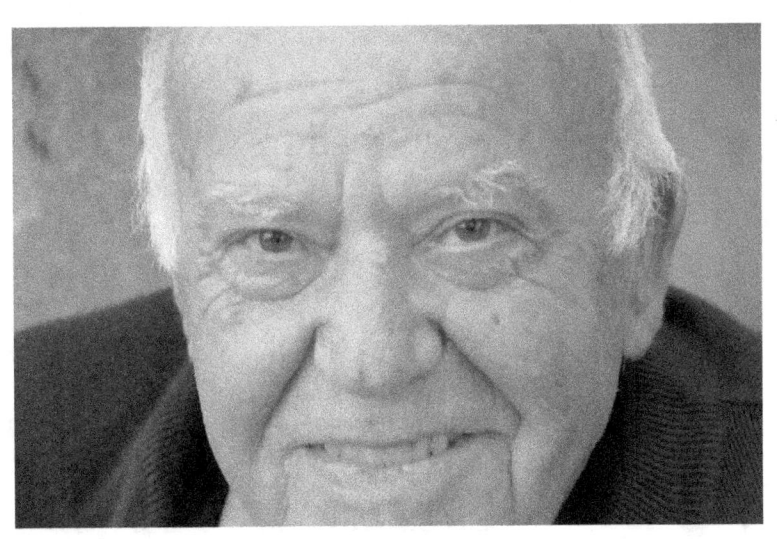

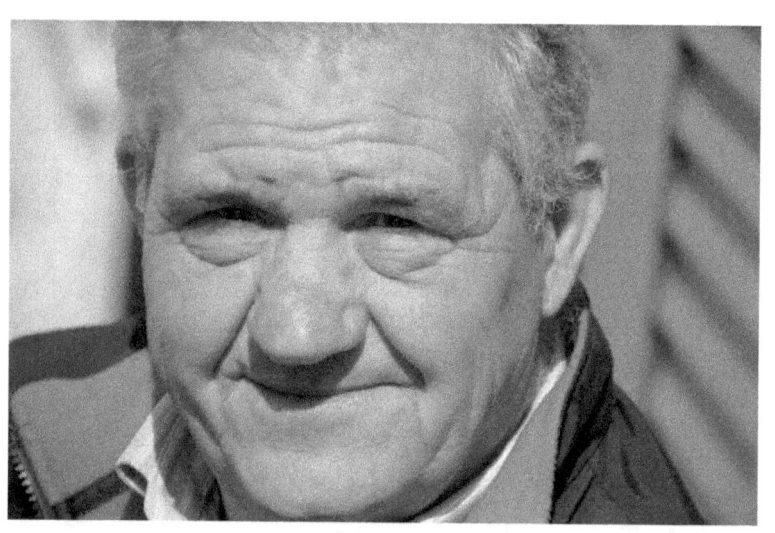

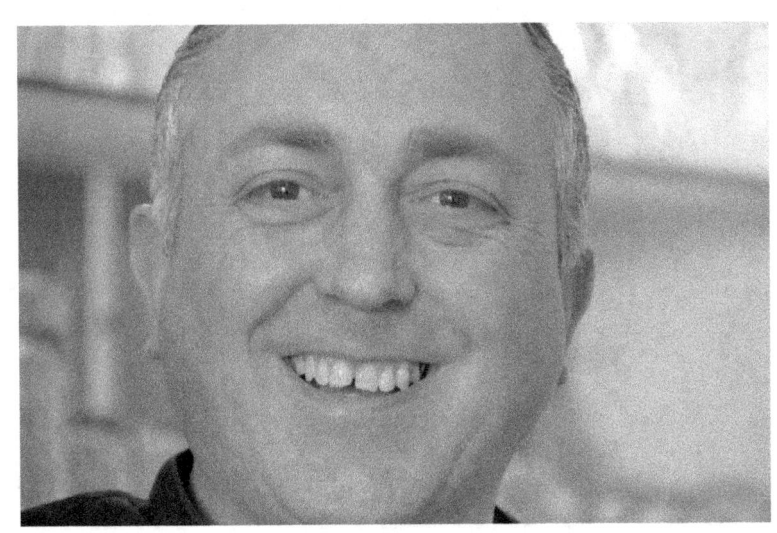

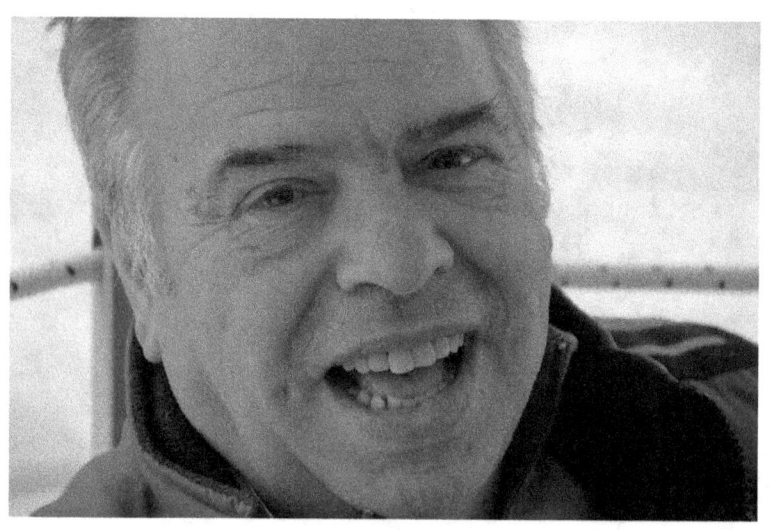

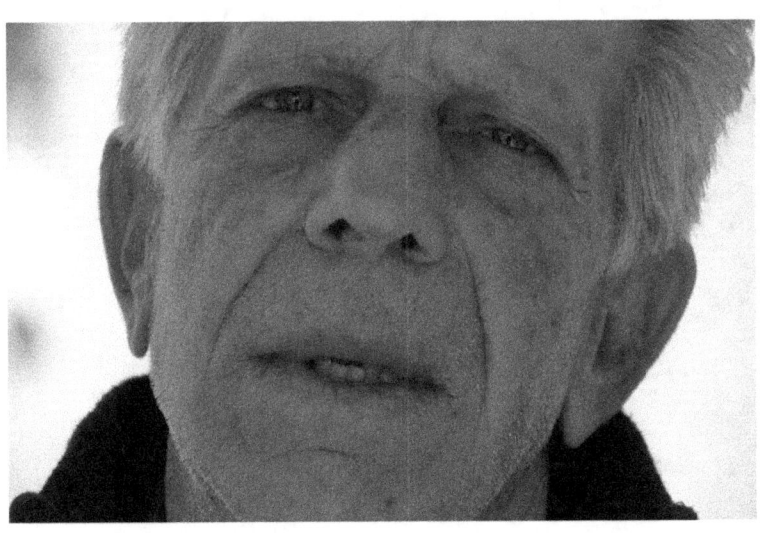

VOLEVO FOTOGRAFARE

Non ho voluto fare un'indagine sociologica sulle abitudini del genere maschile in un paese del Sud Italia. Non ho voluto neanche denunciare una situazione particolarmente difficile sul piano economico. Meno che mai volevo predisporre un rapporto conflittuale con l'altro sesso.

Qui volevo fotografare, nel vero senso della parola, le ultime immagini di sedi pubbliche declinate al maschile, una tendenza chiaramente destinata a finire. Una testimonianza, un modo per dire al mondo: me ne ero accorto da anni e non lo avevo detto a nessuno.

E poi volevo fotografare alcune facce che inseguivo da tempo, e mischiarle con altre più anonime, custodendole in una teca invisibile, dentro la memoria, e niente più.

Alfredo

INDICE